星云法语 08

生活·讀書·新知 三联书店

成功的条件
禅心

星云大师 著

Copyright © 2015 by SDX Joint Publishing Company
All Rights Reserved.
本作品版权由生活·读书·新知三联书店所有。
未经许可,不得翻印。
本书由上海大觉文化传播有限公司独家授权出版中文简体字版。

图书在版编目(CIP)数据

成功的条件:禅心/星云大师著.—北京:生活·读书·新知三联书店,2015.5

(星云法语)

ISBN 978-7-108-05239-1

Ⅰ.①成… Ⅱ.①星… Ⅲ.①佛教－人生哲学－通俗读物 Ⅳ.①B948-49

中国版本图书馆 CIP 数据核字(2015)第 022298 号

责任编辑　罗　康
封面设计　储　平
责任印制　卢　岳　张雅丽
出版发行　生活·讀書·新知 三联书店
　　　　　(北京市东城区美术馆东街 22 号)
邮　　编　100010
印　　刷　三河市嘉科万达彩色印刷有限公司
版　　次　2015 年 5 月北京第 1 版
　　　　　2015 年 5 月北京第 1 次印刷
开　　本　880 毫米×1230 毫米　1/32　印张　7.75
字　　数　166 千字
印　　数　00,001—12,000 册
定　　价　28.00 元

总序　十把钥匙

星云大师

《星云法语》是我在台湾电视公司、"中国电视公司"、"中华电视公司"三十年前的"三台时代",为这三家电视台所录像的节目。后来在《人间福报》我继《迷悟之间》专栏之后,把当初在三家讲述的内容,再加以增补整理,也整整以三年的时间,在《人间福报》平面媒体与读者见面。

因为我经年累月云水行脚,在各地的佛光会弘法、讲说,断断续续撰写《星云法语》,偶有重复,已不复完全记忆。好在我的书记室弟子们,如满义、满观、妙广、妙有、如超等俄而提醒我,《人间福报》的存稿快要告罄了,由于我每天都能撰写十几则,因此,只要给我三五天的时间,我就可以再供应他们二三个月了。

像这类的短文,是我应大家的需要在各大报纸、杂志上刊登,以及我为徒弟编印的一些讲义,累积的总数,已不下两千万字了。《星云法语》,应该说是与《迷悟之间》、《人间万事》同一性质的短文,都因《人间福报》而撰写。承蒙读者鼓励,不少人希望结集成书,香海文化将这些文章收录编辑,文字也有百余万字,共有十集,分别为:一、精进;二、正信;三、广学;四、智慧;五、自觉;六、正见;

七、真理；八、禅心；九、利他；十、慈悲。

　　这套书在《人间福报》发表的时候，每篇以四点、六点，甚至八点阐述各种意见，便于记忆，也便于讲说，有学校取之作为教材。尤其我的弟子、学生在各处弘法，用它作为讲义，都说是得心应手。

　　承蒙民视电视台也曾经邀我再比照法语的体裁，为他们多次录像，并且要给我酬劳。其实，只要有关弘法度众，我都乐于结缘，所以与台湾的四家无线电视台都有因缘关系。而究竟《星云法语》有多大的影响力，就非我所敢闻问了。

　　承蒙知名学者李家同教授、洪兰教授、台中胡志强市长，以及善女人赵辜怀箴居士，为此套书写序，一并在此致谢。

　　是为序。

于佛光山开山寮

推荐序一　宗教情怀满人间

李家同

星云大师的最新著作《星云法语》十册套书,香海文化把部分的文稿寄给我,邀我为序。8月溽暑期间,我自身事务有些忙碌;但读着文稿里星云大师的话,却能感觉到欢喜清凉。

《星云法语》里面有一篇我很喜欢,其中写道:"要有开阔包容的心胸、要有服务度生的悲愿、要有德学兼具的才华、要有涵养谦让的美德。"

多年来我从事教育工作,希望走出狭义的精英校园空间,真正帮忙各阶层弱势学生。看着莘莘学子,我想我和星云大师的想法很接近吧,就是教育一定要在每个角落中落实,要让最弱势的学生,能个个感受到不被忽略、不受到城乡资源差别待遇。

青年教育的目的,不就是教育工作者,希望能教养学生,成为气度恢弘的国民吗?

为勉励青年,星云大师写下"青年有强健的体魄,应该发心多做事,多学习,时时刻刻志在服务大众,念在普度众生,愿在普济社会"。

星云大师的话,让我想起《圣经》里的箴言:

"有了信心,又要加上德行;有了德行,又要加上知识;有了知识,又要加上节制;有了节制,又要加上忍耐;有了忍耐,又要加上虔敬;有了虔敬,又要加上爱弟兄的心;有了爱弟兄的心,又要加上爱众人的心。"(《圣经·彼得后书》)

宗教情怀,就是超越一切的普济精神。人间的苦难,如果宗教精神无以救济,那么信仰宗教毫无意义。不论是佛陀精神,或是基督精神,以慈爱的心处世,我想原则上没有什么不同。尤其是青年人,更应细细体会助人爱人的真谛,在未来起着社会中坚的作用。这样,我们现在办的教育,才真正能教养出"德学兼具"的青年,让良善能延续,社会上充满不汲汲于名利,助人爱人的和谐气氛。

香海文化出版的《星云法语》,收录了精彩法语共计1080篇,每一篇均意味深长,适合所有人用以省视自己,展望未来。"现代修行风"不分基督、佛陀,亲切的圣人教诲,相信普罗大众都很容易心领神会。

如今出版在即,特为之序。

(本文作者为台湾暨南大学教授)

推荐序二　安心与开心

洪　兰

在乱世,宗教是人心灵的慰藉,原有的社会制度瓦解了,一切都无法制、无规章,人民有冤无处伸,只有诉诸神明,归诸天意,以求得心理的平衡。所以在东晋南北朝时,宗教盛行,士大夫清谈,把希望寄托在另一个世界。历史证明那是不对的,这是一种逃避,它的结果是亡国。智者知道对现实的不满应该从改正不当措施做起,众志可以成城,人应该积极去面对生命而不是消极去寄望来生。星云大师就是一个积极入世的大师,他在海内外兴学,风尘仆仆到处弘法,用他的智慧来开导世人,他鼓励信徒从自身做起,莫以善小而不为,当每个人都变好时,这个社会自然就好了。这本书就是星云大师的话语集结成册,印出来嘉惠世人。

人在受挫折、有烦恼时,常自问:人生有什么意义,活着干什么？大师说,人生的意义在创造互惠共生的机会,这个世界有因你存在而与过去不同吗？科学家特别注重创造,就是因为创造是没有你就没有这个东西,没有莫扎特就没有莫扎特的音乐,没有毕加索就没有毕加索的画,创造比发现、发明的层次高了很多,人到这个世上就是要创造一个双赢的局面,不但为己,也要为人。英文谚语有一句：Success is when you add the value to yourself. Significance is when you add the value to others. 只有对别人也有利时，你的成功才是成功。所以大师说，生命在事业中，不在岁月上；在思想中，不在气息上；在感觉中，不在时间上；在内涵中，不在表相上。这是我所看到谈生命的意义最透彻的一句话。

挫折和灾难常被当作上天的惩罚，是命运的错误；其实挫折和灾难本来就是人生的一部分，不经过挫折我们不会珍惜平顺的日子，没有灾难不会珍惜生命。人是高级动物，是大自然中的一分子，不管怎么聪明、有智慧，还是必须遵行自然界的法则，所以有生必有死，完全没有例外。但是人常常参不透这个道理，历史上秦始皇、汉武帝这种雄才大略的人也看不到这点，所以为了求长生不老，倒行逆施，坏了国家的根基，反而是修身养性的读书人看穿了这点。宋代李清照说"今手泽如新，而墓木已拱……然有有必有无，有聚必有散，乃理之常。人亡弓，人得之，又胡足道"。看透这点，一个人的人生会不一样，既然带不走，就不必去收集，应该想办法去用有限的生命去作出无限的功业。

一个入世的宗教，它给予人希望，知道从自身做起，不去计较别人做了什么，只要去做，世界就会改变。最近有法师用整理回收物的方式带信徒修行，他不要信徒捐献金钱，但要他们捐献时间去回收站做义工，从行动中修行。我看了这个报道真是非常高兴，因为研究者发现动作会引发大脑中多巴胺（dopamine）这个神经传导物质的分泌，而多巴胺跟正向情绪有关，运动完的人心情都很好，一个跳舞的人即使在初跳时，脸是板着的，跳到最后脸一定是笑的。所以星云大师劝信徒，从动手实做中去修行是最有效的修行，对自己对社会都有益。

在本书中,大师说生活要求安心,心安才能体会人生的美妙,才听得到鸟语,闻得到花香,所以修行第一要做到心安,既然人是群居的动物,必须要和别人往来,因此大师教导我们做人的道理,列举了人生必备的 10 把钥匙,书的最后两册是要大家打开心胸,利他与慈悲,与一句英谚 You can give without loving, you can never love without giving 相呼应。不论古今中外,智者都看到施比受更有福。

希望这套书能在目前的社会中为大家浮躁的心灵注入一股清泉,人生只要心安,利人利己地过生活,在家出家都一样在积功德了。

(本文作者为台湾阳明大学神经科学研究所教授)

推荐序三　法钥匙神奇的佛

胡志强

星云大师,是我一直非常尊敬与佩服的长者。

长久以来,星云大师所领导主持的佛光山寺与国际佛光会,闻声救苦,无远弗届,为全球华人带来无尽的希望与爱。

大师的慈悲智慧与宗教情怀,让许多人在彷徨无依时,找到心灵的依归。另一方面,我觉得大师潇洒豁达、博学多闻,无论是或不是佛教徒,都能从他的思想与观念上,获得启迪。

星云大师近期出版的《星云法语》,收录了大师1080篇的法语,字字珠玑,篇篇隽永。

我很喜欢这套书以"现代佛法修行风"为诉求,结合佛法与现代人的生活,深入浅出地阐释。尤其富有创意的是,以十册"法语"打造了十把"佛法钥匙",打开读者心灵的大门,带领我们从不一样的角度,去发现与体会生活中的点点滴滴。

以《旅游的意义》这篇文章为例:

"……就像到美国玩过,美国即在我心里;到过欧洲度假,欧洲也在我心里,游历的地区愈丰富,就愈能开阔我们的心灵视野。

当我们从事旅游活动时,除了得到身心的纾解,心情的愉悦之外,还要进一步获得宝贵的知识。除了外在的景点外,还可以增加一些内涵,作一趟历史文化探索之旅,看出文化的价值,看出历史的意义。

比方这个建筑是三千年前,它历经什么样的朝代,对这些历史文化能进一步赏析后,那我们的生命就跟它连接了。"

"我们的生命就跟它连接了"这句话,让我印象十分深刻,生动描述了"读万卷书,行万里路",正是一种跨越时空的心灵宴飨。

在《快乐的生活》一文中,大师指点迷津。他说:"名和利,得者怕失落,失者勤追求,真是心上一块石头,患得患失,耿耿于怀,生活怎么能自在?"

因此"身心要能健康,名利要能放下,是非要能明白,人我要能融和"。

在《欢喜满人间》这篇文章中,大师指出:人有很多心理的毛病,例如忧愁、悲苦、伤心、失意等。佛经形容人身难得如"盲龟浮木",一个人在世间上一年一年地过去,如果活得不欢喜,没有意义,那又有什么意思?如何过得欢喜、过得有意义?

他提出几点建议:"要本着欢喜心做事,要本着欢喜心做人,要本着欢喜心处境,要本着欢喜心用心,要本着欢喜心利世,要本着欢喜心修行。"

看到此处,我除了一边检视自己在日常生活中做到了多少?另一方面,也希望把"欢喜心"的观念告诉市府同仁,期许大家在服务市民时认真尽责之外,还能让民众体会到我们由衷而发的"欢喜心"。

而《传家之宝》一篇中所提到的观点,也让为人父母者心有戚戚焉。

大师说：一般父母，总想留下房屋田产、金银财富、奇珍宝物给子女，当作是传家之宝；但是也有人不留财物，而留书籍给予子女，或是著作"家法""庭训"，作为家风相传的依据。乃至禅门也有谓"衣钵相传"，以传衣钵，作为丛林师徒道风相传的象征。

他认为"传家之宝"有几种：包括宝物、道德、善念与信仰。到了现代，书香、善念、道德、信仰更可以代替钱财的传承，把宗教信仰传承给子弟，把善念道德传给儿孙，把教育知识传给后代。

"人不能没有信仰，没有信仰，心中就没有力量。信仰宗教，如天主教、基督教、佛教等，固然可以选择，但信仰也不一定指宗教而已，像政治上，你欢喜哪一个党、哪一个派、哪一种主义，这也是一种信仰；甚至在学校念书，选择哪一门功课，只要对它欢喜，这就是一种信仰。有信仰，就有力量，有信仰，就会投入。能选择一个好的宗教、好的信仰，有益身心，开发正确的观念，就可以传家。"

细细咀嚼之后，意味深长，心领神会。

星云大师一千多篇好文章，深刻而耐人寻味，我在此只能举出其中几个例子。很感谢大师慷慨分享他的智慧结晶，让芸芸众生也有幸获得他的"传家之宝"。

在繁忙的生活中，每天只要阅读几篇，顿时情绪稳定、思考清明、心灵澄静。有这样的好书为伴，真的"日日是好日"！

（本文作者为台中市市长）

推荐序四　人生的智慧和导航

赵辜怀箴

我一直感恩自己能有这个福报,多年来能跟随在大师的身边,学习做人和学习佛法。每一次留在大师身边的日子里,都可以接触到许多感动的心,和感动的事;每一次都会让我感觉到,这个世界真的是非常的可爱。

大师说:他的一生就是为了佛教。这么多年来,大师就这样循循地督促着自己,为此,马不停蹄地一直在和时间做竞跑。大师的一生,一向禀持着一个慈悲布施、以无为有的胸怀,做大的人,做大的事。如果想要问大师会不会和我们一样斤斤计较?我想他唯一真正认真计较的事,就是,对每一天的每一分和每一秒吧!

在大师的一生里,大师从来不允许自己浪费任何一分一秒的时间;无论是在跑香、乘车、开会、会客或者进餐;大师永远都是人在动,心在想,手在做,眼观六路,耳听八方,把1分钟当10分钟用;在高效率中不失细腻,细腻中不失大局,大局中不失周全;周全里,充满了的是大师对每一个人无微不至的关怀和体贴。

大师自从出家以来,只要是为了弘法,大师从来不会顾及自己的健康和辛苦,数十年如一日,南奔北走,不辞辛劳地到处为信徒开示演讲；只要有多余的时间，大师就会争取用来执笔写稿；年轻时也曾经为了答应送一篇文稿给出版社，连夜乘坐火车，由南到北。大师从年轻时就非常重视文化事业，大师也坚信用文字来度众生的重要。大师一生一诺千金，独具宏观，不畏辛苦，忍辱负重，在佛教界树立了优良的榜样，对现代佛教文化事业得以如此的发达，具有相当肯定的影响力。到目前为止，大师出版的中英文书籍，已经不下数百本。

记得在20世纪60年代的时候，大师鉴于电视弘法不可忽视的力量，即刻决定要自己出资，到电视公司录制作晚上8点档的《星云法语》，使其成为台湾第一个在电视弘法的节目。我记得大师的《星云法语》是在每天晚间新闻之后立即播出，播出的时间是5分钟，节目的制作，既"精"又"简"。节目当中，配合着简单明了的字幕，听大师不急不缓地娓娓道来，让观众耳目一新，身心受益。

这个节目播出之后，立即受到广大观众的喜爱和回响。大师告诉我，在节目播出之后不久，由于收视率很好，电视公司自动愿意出资，替大师制作节目；大师从此不但有了收入，也因此多了一个电视名主持人的头衔。这个《星云法语》的电视节目，也就是今天所出版的《星云法语》的前身。

佛光山香海文化公司精心收录的《星云法语》即将出版。这一条佛法的清流，是多年来星云大师为了这个时代人心灵的需求，集思巧妙地运用生活的佛教方式，传授给我们无边的法宝。每一篇，每一个法语，星云大师都透过对细微生活之间的体认，融合了大师在佛法上精深的修行智慧。深入浅出地诠释，高明地把佛法当中的精要，很自然地交织在生活的细致之间，用生活的话，明白地说出现代佛法的修行风范,让读者有如沐浴在法语春风之中的感觉,很自然地呼吸着森林里散发出来的清香,在每一个心田里默默地深耕着。等待成长和收割的喜悦,沐浴着太阳和风,是指日可待的。

今承蒙香海文化公司的垂爱,赐我机会为《星云法语》套书做序,让我实在汗颜;几经推辞,又因香海文化公司的盛情难却,只有大胆承担,还请各位前辈、先学指正。我在此恭祝所有《星云法语》的读者,法喜充满。

(本文作者为国际佛光会世界总会理事)

目 录

卷一　处事之要

处事之要 / 3

处世四智 / 5

相处准则 / 7

处世无怨 / 9

处世 / 11

做事 / 13

做事的津梁 / 15

做事的准则 / 17

学做事 / 19

做事的方针 / 21

创业条件（一）/ 23

创业条件（二）/ 25

善为主管 / 27

好主管 / 29

主管的形象 / 31

领导人的层次 / 33

善为领导人 / 35

领导人津梁 / 37

如何带动属下 / 39

与属下相处 / 41

对待部属 / 43

行事的进阶 / 45

成就事业的条件 / 47

工作秘笈 / 49

赏罚分明 / 51

善为属下 / 53

对待下属 / 55　　　　　工作的智慧 / 65

处事之弊 / 57　　　　　大丈夫行事 / 67

眼明心细 / 59　　　　　大人风范 / 69

建功立业 / 61　　　　　工作的态度 / 71

领众的秘诀 / 63

卷二　预备未来

充电 / 75　　　　　　　如何开发智慧 / 107

预备未来 / 77　　　　　读书之利 / 109

进步的方法 / 79　　　　读书的利益 / 111

谈读书 / 81　　　　　　读书的诀窍 / 113

何谓大学 / 83　　　　　读书的乐趣 / 115

学问观 / 85　　　　　　学生学什么 / 117

教育的意义 / 87　　　　怎样读书 / 119

不学之弊 / 89　　　　　知识的运用 / 121

不学之患 / 91　　　　　读书和做人 / 123

智愚之间 / 93　　　　　学习要点 / 125

教育的条件 / 95　　　　道德教育 / 127

善为学生 / 97　　　　　成为善友 / 129

如何进德修业 / 99　　　良师与益友 / 131

学习的利益 / 101　　　 良师益友 / 133

学习（一）/ 103　　　　交友的"药方" / 135

学习（二）/ 105

卷三　工作之要

上班以前 / 139

工作之要（一）/ 141

工作之要（二）/ 143

问题的处理 / 145

如何获得荣誉 / 147

处理过失的方法 / 149

认错的好处 / 151

面对问题 / 153

严与宽 / 155

谈判高手 / 157

拒绝的艺术 / 159

永续经营 / 161

失败之因 / 163

要求什么？/ 165

守时的重要 / 167

如何说话 / 169

机会 / 171

选择 / 173

耐力 / 175

活用 / 177

调适 / 179

有容乃大 / 181

运动与事业 / 183

立足的条件 / 186

开发潜能 / 188

知识论 / 190

卷四　理想的实现

事业成功的条件 / 195

失败的原因 / 197

开源与节流 / 199

理想的实现 / 201

潜力的发挥 / 203

财富 / 205

创业之母 / 207

专家的条件 / 209

成就大器 / 211

团队之要 / 213

正面思考 / 215   如何走出阴影 / 221

何谓困难 / 217   如何突破困境 / 223

如何散发魅力 / 219   "老二"哲学 / 225

卷一　处事之要

做事可以考验一个人的恒心毅力，
可以看出一个人的胆识器度，
可以印证一个人的修养有无，
所以，做人最要紧的就是处事的态度。

处事之要

做事可以考验一个人的恒心毅力,可以看出一个人的胆识气度,可以印证一个人的修养有无,所以,做人最要紧的就是处事的态度。关于"处事之要",有四点说明:

第一,处事不以易而疏忽

语云:"莫将容易得,便作等闲看。"很多时候,由于我们做起事来觉得很顺畅、很容易,就掉以轻心,就疏忽大意,结果酿成大祸。阿里山小火车出轨,就是因为角栓塞没开,这么一个致命的开关把手,只在一提一压之间,简单容易,却因为一时疏忽而造成多少家庭天人永隔的悲剧。所以再小的事情,我们都应该谨慎从事,用心把它做好,以免造成遗憾。

第二,处事不以难而退却

一般人做事,遇到了困难就生起退却之心,其实成功与失败往往就在于能否坚持最后 5 分钟。所以我们做事,要有冒险犯难的精神,尤其愈是艰难的事情,愈有挑战性,愈能激发我们的潜能,愈需要有人去做。因此做事不问难易,只要于人有益,我们就应该勇敢地克服困难,只要不怕挫折,一而再、再而三,终能完成。

第三,处事不以久而懈怠

年轻人立志,往往"初发心容易,恒常心难持",因此不管从事任何事情,可能要经年累月,要经过一段很长的时间才能看到成果。有的人因为不耐烦,半途而废,以致前功尽弃。其实做事哪能样样立竿见影,像过去读书人,必须经得起十载寒窗,才能一举成名;又如古代中国人酿酱瓜、酱菜,闷在坛子里,愈久就愈香。所以,现在年轻人要想成功立业,不能求速成,要耐烦、耐久,经久而不懈怠,才能久炼成钢。

第四,处事不以逆而愤怒

与人共事,难免会有意见相左的时候,不能因为别人与我的看法、做事风格不同,就生气而分道扬镳。有时父母师长也会从旁给我们一些做人处事上的建议、开导,我们要虚心接受,不要觉得他们是在干涉我、指责我,因此而愤怒不平,甚至率性地丢下不管,不肯承担,如此终将一事无成。所以我们做人处事,不能以逆而愤怒,这是处世之大忌。

处事的要点其实有很多,不过只要我们能记住以上四点,也算得到了处事的三昧。

处世四智

在一个人一生中,倒不一定要凭恃有多少财富或者多少能力,才算成功。最重要的是,要看他人及历史所给予他的道德评价。古人说:"善养生者,当以德性为主。"儒家也说:"七十从心所欲不逾矩",以此作为人生成熟阶段的道德境界。因此"德性之美"是每一个人所需,以下有四点看法:

第一,要有丰富的学识

学才能有所识。一个人没有教育、学识,在这竞争力强的社会做人、处世,都难以立足,对人生境界的提升开展,也会受到限制。但是有了学问,却只是一知半解,这也是不行的,必须要有丰富的学识,对各行各业都有所涉猎,略知一二,才不致孤陋寡闻。因此,丰富的学识,是我们人生追求的德性之美。

第二,要有正当的工作

佛教八正道中,"正命"指的是以正当的职业,谋取生活所需。一个人必须要有正当的工作,才能获得安定生活的保障。正当的工作没有高低贵贱,举凡公务人员、农民耕作、工厂营运,哪怕是清道夫,只要务实,也是会受人尊敬与肯定的。

第三，要有风趣的生活

一个人不能太呆板，要懂得制造一点风趣的生活。例如家庭里，夫妻、老少、儿女之间，因为你的风趣，会增加欢乐气氛；团体同侪里，因为你的风趣，人际关系会更和谐。风趣，能让生活和合无争，沟通时减少障碍；风趣，会让妻子体贴丈夫的辛劳，丈夫体贴妻子的辛苦，子女感恩父母的开明教育，学生感谢师长的通情达理，消除彼此的计较分别，消除烦恼的纠葛。因此，风趣的生活，比物质的生活更重要。

第四，要有诚实的修行

每一个人信仰宗教最主要的目的，不是只想得到一点知识义理，而是要修行实践。憨山大师说："学道容易悟道难，不下功夫总是闲；能信不行空费力，空谈论说也徒然。"你有信仰，却不肯去实践，就像学游泳的人，不下水，永远享受不到戏水之乐。因此我们对于自己所选择的信仰，要诚实修行，不能虚妄。

有德之人，能益己利世，能如深谷幽兰，散发清香在人间，不亦美矣！

相处准则

人在世间生活,每天都要与家人、邻居、朋友、同事等许多人往来相处。人际关系处得好,不但生活愉快,做起事来也会格外的称心如意。所以,做人要懂得人我相处之道,要把握好相处的准则。关于"相处准则",有四点意见提供:

第一,相见要以诚、以真

人之相交,贵在知心。能够真心诚意,发自内心地以诚、以真待人,才能获得别人的信赖。有的人做人虚伪不实,讲话油腔滑调,令人一见就心生反感,甚至对他生起戒备防范之心,如此当下筑起人我之间的藩篱,人际关系怎么会和谐呢?所以,人与人初见,要让人感觉到我是一个很诚恳、很真实的人,自然能够获得对方的友谊。

第二,相待要以礼、以敬

人,都希望得到别人的尊敬、礼遇。平时不管对待家人、邻居,或是与同事、朋友相处,最重要的就是要有礼貌,要有恭敬。所谓"礼多人不怪",在佛教也讲"佛法在恭敬中求"。如果我们待人能多一点礼貌、多一些尊敬,无形中也给自己多一些方便,日后做事也会更顺利。

第三，相处要以平、以淡

人与人相处，所谓"君子之交淡如水"。即使是再好的朋友，过分亲热，友情也难以持久。甚至有时还会因为彼此不懂得保持距离，难免发生摩擦，所以最好还是用平常心、平等心，淡然地相处，才能愈久愈香。

第四，相勉要以学、以道

世界上，君子以道为友，小人以利为友；真正的好朋友，要做彼此的善知识，所谓"友直、友谅、友多闻"。所以朋友相交，要在学问、道德上互相勉励，互相学习。学问、道德是一个人立身处世的根本，诸如道德的观念、道德的语言、道德的行为等，所以朋友之间，要在道义上、知识上结交，要彼此相勉以学、以道。

胡适说："要怎么收获，先怎么栽"，这句话也可以用在人际关系的相处上："我们希望别人怎么待我，我就先如何待人。"

处世无怨

人生最大的无明是怨尤！当一个人处贫穷时，怨恨就多；当工作不被重视时，怨恨也多。有时候愚痴、没有智慧、没有能力时，也容易怨天尤人。如何处世无怨？可以说是每一个人都必须学习的课题，因为我们在世间与人相处，不仅不要让人对我有所怀恨，我自己本身也不要有太多的怨恨。所以，如何"处世无怨"，有四点意见：

第一，要亲近善友

古人说："独学而无友，则孤陋而寡闻。"经典也说："善友第一亲。"当我们身体生病时，要找医生治疗；心灵有病了，则要靠善知识的劝告提醒。例如心中有了计较、烦恼、怨恨，由于亲近了好的朋友，他会开导我；或者我所交往的都是善友，他也会包容我，不会计较、怨恨我，所以平时要结交善友，要亲近善知识。

第二，要不嫉他胜

怨恨从哪里来？很多时候都是从嫉妒他人而来的。因为见不得别人好，所以一听到朋友升官发财，看到邻居富贵美满，心里就不是滋味，就会排斥、嫉妒，慢慢就有了怨恨。其实别人获得利益，我不但应该为他欢喜,我也可以沾光,也会感到与有荣焉。只要我能不嫉人有、不妒他胜,自己就没有怨恨了。

第三,要喜人获誉

佛教徒常常发愿说:"众生无边誓愿度。"然而,"不欲人获利,岂愿他成佛?"所以,学佛修行,首先要有心量分享别人的好。当别人获得了善名美誉,我要为他欢喜;当朋友被称赞为很有学问、很有道德,我要为他高兴。甚至我的同乡很有成就,我也要为他祝贺。能有这种雅量,才不会怨恨。

第四,要闻善着意

"闻善言不着意",这是佛陀所说的五种"非人"之一。有的人,不管你说了多少好话,他根本听不进去;无论你做了多少好事,他就是看不到。因为他的心中没有好的、善的、美的,没有营养、没有资粮,所以内心很贫乏,当然容易怨恨。一个人要"闻善言而能着意",好话,我能留心听进来;好事,我不但看到了,而且我懂得了。能够如此,自然就不会有怨恨了。

《佛光菜根谭》说:"淡泊无得失,宽容绝恩怨。"又说:"明白因果,就不怨天;了解自己,就不尤人。"总之,做人圆融怨尤少。

处世

《三国演义》里有一句话说:"处世不分轻重,非丈夫也。"可以看出古人对立身处世的重视,同时也说明处世对一个人的重要。处世要懂得应对进退,懂得把握分寸,就好比"跳探戈",能进的,向前跨进一步,不能进的,就要后退一步。总之,你要避免踩到别人的脚,否则这支舞就跳不下去了。处世的进退之道是什么呢?有四点:

第一,处治世立威望

身处太平盛世、社会安定时,就要养成道德威望。所谓"君子之德风,小人之德草。草上之风必偃"。德风威望不是造作而有,是慈悲的流露,是德行的显发。有威望的人自能受人尊重,受人信赖,无论团体、机关、组织,领导人的威望,是带领团队或组织走向盛治的条件,也是创造意义价值的关键。

第二,处乱世用圆通

当社会秩序混乱,人我伦理关系失常时,就不能一味守成不变,必须圆通一点。圆通不是没有原则,而是不要太过计较细节,不要太过执着成规。观世音菩萨因为耳根圆通,所以能寻声救苦;

金山寺妙善禅师因为善巧度化,解决众生苦难,所以被称为"活佛",在为人处世时,有一点圆融方便,才能通达人情,自利利人。

第三,处高位要谦恭

所谓"高处不胜寒",当你的事业愈大,地位愈高时,就愈要懂得"低头"的哲学。台湾企业家张姚宏影曾说:"我所以有今天的成就,是向多少人弯腰鞠躬后才有的。"慈航法师也说过:"如果要人讨厌你,你尽可挺胸昂头!"谦虚恭敬不是客气,也不是虚伪,它是发自内心的柔软,是对人事物的尊敬、接受。处高位者能谦恭,就像金字塔一样,稳重而厚实。一个人愈懂得谦虚恭敬,才会更有人缘。

第四,处低处勤用功

有的人常有"生不逢时""怀才不遇"之叹。其实,如果你真的很有能力,可是生不逢时;或是你很有德行,却不受人重视。处在这种低潮的时候,不要着急,也不要失望,只要你养深积厚,做好"蓄势待发"的准备,一旦因缘成熟,不怕不被隆重推出。所以,一个人"不患无位,患所以立",只要自己有实力,何患无成。

古人说:"夫乾坤覆载,以人为贵;立身处世,以礼仪为本。"懂得进退得宜,出入有序,是做人处事的基本条件,否则纵使周知天下事,不懂进退,总是愚痴。尤其,在进退间恭敬,在往来时宽厚,更是立身处世之道。

做事

人要生活，必然要做事。小至个人刷牙洗脸，日常卫生的打理，乃至家庭主妇操持家务，料理三餐；甚至上班族在外工作，处理业务、政府首长办公，日理万机等。可以说，每一个人每天都要做事。从做事的态度，可以看出一个人的能力与品性。关于"做事"，有五点说明：

第一，勤劳的人做事，有始有终

现在的团体，讲究集体创造，平时分层负责，但是"分工"之余还是要"合作"。当一群人共同工作的时候，最能看出一个人的勤与惰。懒惰的人做事虎头蛇尾，虚应故事，甚至上班时间喝茶看报，浑水摸鱼，借故开溜等。勤劳的人做事，恪尽职守，认真负责，一件事交代给他，必然有始有终。这种人具有责任感，所以总能让人放心托付重任。

第二，诚实的人做事，有规有矩

"世风日下，人心不古"，现代人追逐功利，凡事讲求速成，做事大都不肯循规蹈矩，总想投机取巧，希望捡现成的便宜，甚至获得暴利。其实，凡事有因必然有果，不依规矩做事，往往偏离正道，所做不合道德、不合善良风俗、不合众人利益,自然难以获得好的结果。因此,自以为聪明的人,聪明反被聪明误。唯有诚实做事,依照规矩,按部就班,根基稳固,才有长远的未来。

第三,聪明的人做事,有条有理

做事可以开发智慧,因为工作的当下,肯用心的人懂得从中找出简易、省时、有效的方法,不但做出来的结果事半功倍,自己也可以从中获得经验与智慧。反之,不用心的人,做事没有计划、没有组织、没有安排、没有条理,因此往往一团忙乱。现在一般人做事,都讲求做事的质量,所以,聪明的人做事,都很讲究条理。

第四,乐观的人做事,有欢有喜

同样做事,有的人乐在工作,有的人视工作为畏途。一般说来,心性乐观的人,工作时总能保持轻松愉快的心情,不但脸上时常露出快乐的笑容,而且说话幽默,与人有说有笑。所以,跟随乐观的人做事,即使工作再繁重,也能在轻松谈笑的气氛中,减轻工作的压力。

第五,谨慎的人做事,有守有为

"创业维艰,守成不易"。一个行事谨慎的人,做事通常都是有守有为;举凡想要扩充一样设备、开拓一项业务,一定会审慎评估,绝不会贸然行事。乃至凡有所做,只要对国家、社会、民族有利的事情,即使牺牲个人利益也在所不辞;如果是对国家社会无益之事,就是有利可图,他也不肯为。所以,谨慎的人做事,不但"有守有为",而且"有所为、有所不为",他心中自有分寸。

甘地夫人曾说:"世上有两种人,一种人做事,另一种人邀功。我要试着做第一种人,因为这类的人比较没有竞争对手。"我们不仅要当"做事"的人,而且要成为"会做事"的人。

做事的津梁

比赛场上有比赛的规则,公司企业有发展的共同原则;做人有做人的原则,说话有说话的准则,当然,做事也要有做事的津梁。有了准则才会有目标,依照准则定方法才不致差错。不会做事的人,不知道如何把握准则,拿不定主张,相继的也产生很多附加的闲话、是非和争论。所以,"处事的津梁"有四点:

第一,行事要权衡轻重

文章要言之有力,则文句铺排要有轻重缓急;音乐要能感人肺腑,则节奏的轻重快慢要把握得好;事业要能成功,除了人力支持,主事者也要懂得权衡事情轻重,才能有完美表现。再说,建一栋房子,是先从门做起,还是先从屋顶做起?购买家具,是先买桌子,还是先买椅子?你要用人,是先用会计,还是先用总务呢?凡事都要权衡轻重,事情进行才会比较顺利。

第二,说话要真诚和善

《荀子》曰:"与人善言,暖于布帛;伤人之言,深于矛戟。"说话真诚和善,彼此欢喜,结的缘就深;说话恶意中伤,为人所唾弃,结下的就会是恶缘。做任何事都必须和人接触,即使再能干的人,也都会有需要人家帮忙的时候,如果人家不愿意帮助你,事情就很难完成。所以,和人的应对往来,说话真诚得体是很必要的。

第三,做人要明辨是非

人除了会说话、会做事,还要会做人。做人难,人难做,难做人,做人最大的困难是什么?就是明辨是非。世界上,是是非非、好好坏坏的事情很多,但是对"是"和"非"的判断却是各凭智慧。倘若你没有是非对错的正见,人云亦云,"墙头草两面倒"的结果,你的人生将会过得浑浑噩噩,糊里糊涂,且无所适从。

第四,修行要合乎中道

日常生活中,做事的时候,我们希望能利益别人;说话的时候,也想到要给人欢喜,凡事都想到要帮助别人,但是有一件事却得要想到自己,那就是修行。修行是自己的事,没有人替代得了你,到底要怎么修呢?修行要合乎中道,中道就是不偏不倚。修行不在于特立独行,不是眼观鼻、鼻观心才叫作修行,修行主要在于修心,苦乐之间、忙闲之间都要能恰到好处,过与不及,都非善事。

明朝王守仁说:"志不立,如无舵之舟,无衔之马。"因此,人生要有准则,有准则为人处世才能顺理成章,也才能有所成就。

做事的准则

火车有轨道,所以能平安行驶;船只有航道;故不会迷失方向;读书有方法,才能抓到重点;做人也要有原则,才能与人往来;当然做事也要有做事的态度与准则。做事的准则为何?四点意见说明如下:

第一,要担当,要负责

无论你是大人物还是小人物,做大事还是做小事,最重要的是要能担当,要能负责。主管没有担当,不能负责,则部属得不到安全感;反之,部属不能担当,不能负责,则将影响团体整体运作的进度。所谓"大丈夫一人做事一人当"。想要获得事业上的成就,就要坚定自己勇于负担责任、行事不苟的态度;想要获得朋友的信赖,也要给人能承担、能认真的信任感。希望人生过得踏实,就要如此养成自己担当负责的生活态度。

第二,要自知,要知人

《吕氏春秋·用众》曰:"物固莫不有长,莫不有短,人亦然。"一个人不仅要了解自己的能力有多少,也要知道自己的长处和短处在哪里,才能借由不断地自我调整而进步。了解自己之外,更要了解别人，才不会对他人提出过分的要求。再说，一个人的能力再大，也会有所局限，为了远景着想，大家必须互助合作，"取他人之长，补一己之短"，才能顾全大局，完成功业。

第三，要明理，要明事

一个会做事的人，明理明事的态度，对他而言是非常重要的。有的人做事，不能掌握事情的前因后果，不重视事情的法则，一旦事情败坏，就只能在结果上怨恨、计较。其实，事出必有其因，原因不能明白，将无法断定结果的真实性，所以，明理的人，要懂得因果关系的重要；明事的人，要注重因果的法则。

第四，要体谅，要尊重

每个人的思想观念、行事作风都会有所差异，人类是群居的动物，任何事情往往不是靠一个人孤军奋斗就能达成，一定需要很多人的通力合作才能完成。因此，大家在一起做事，如果没有体谅别人的心，别人就不愿服从你；没有尊重别人的态度，别人也不会对你尊重。所以，为人处世彼此体谅、尊重是很重要的。

做事要做得好，要为自己立下做事的准则；有原则可循，则不致偏差。如古语所云："德以处事，事以度功。"做事的准则，可作为我们行事的参考。

学做事

学做事,等同于学做人,从一个人做事的态度,就可以了解他的个性及人格,所以,"学做事"有四点建议:

第一,禄不可以无功而取

学生成绩优异,学校颁发奖状奖励;警察破案有功,上级给予记功嘉勉。一个人能为团体、社会所肯定,非一夕可得,背后历经的辛酸难为外人所知,所以功劳、奖牌、勋爵、奖赏的获得要实至名归。所谓"无功不受禄",荣誉要以自己的成绩去拥有,不能无功而取,如果没有功劳、没有功德,即使得到勋爵奖章那也不是我的。甚至光荣有时候是大众一起努力得来的,也要能作"成就归于大众"想,不可以骄矜自恃。

第二,刑不可以因势而免

一个人不可以因为自己拥有权势就公私不分,刑罚、处分是罪有应得,犯了错就应该接受处罚。作奸犯科,国家有处以刑罚的职责;违反团体规约也理当作适当的处分。所谓"王子犯法与庶民同罪",绝不因为你是商场大亨,或拥有高官厚禄,权高势大,犯了过失就可以免刑,那会导致众人不服、舆论谴责,甚至引发动乱。国家的法律是用来保护百姓生活的,团体的制度是用来保障人民福祉的,所以执法要公平。

第三,利不可以因宽而有

做事要能公正,利益要能均等。在校园里,老师有义务指导每一位学生的学习,不能因为学生资质的差别,而忽略某些人的学习;在社会里,警察是人民的保护者,有义务维护人民的安全,处理事情立场要能中立;在公司里,主管是领导中心,对于属下的福利照顾应当公平一致。大众的事,要能一视同仁,依法办理,凭着良心做事,才能让人心悦诚服。

第四,严不可以因苛而求

父母基于教育子女的责任,要求会严格;教师基于学生学业成绩的进步,要求会严格;公司为了产品质量的提升,要求会严格。"严格"因人、因时、因地制宜,未必不好,但如果成了"严苛",掺有情绪的干扰就不好了。《礼记》上说:"苛政猛于虎。"一个国家的政令过于苛刻,比老虎更加凶猛可怕;待人如果以苛,就没有人敢和他接近了。所以"严"可以,但是绝对不要"苛",苛求苛严反而会适得其反。

学做事,应当要常常反省今天的我是否比昨日的我更进步。

做事的方针

做人就要做事,没有一个人不做事的。有人会做事,有的人不会做事;有的人能做大事,有的人只能做小事;有的人能做困难的事,有的人只能做容易的事;有的人做事要很多人一起才能完成,有的人做事自己就能独自承担。总之要如何做事呢?以下四点做事的方针提供参考:

第一,做大事有魄力

所谓大事就是众人的事,或对国家、社会有影响的事。做大事的人必须要有魄力,假如优柔寡断,怎能成功?做大事要有做大事的条件、做大事的因缘。做大事,首先要将做大事的气魄养成,如此才能成就。

第二,做小事要细心

有的人不想做什么大事,只想做小一点的事。所谓做小一点的事,可能只为一县、一乡、一村、一个工厂、一个团体、一个家庭做事;虽说事小,但是小事也会间接影响大事。比如我做一名厨师,要把菜肴调味调好,让主人温饱,主人因为营养足够,方能成就大事;做一个公园的园艺师,要把花木照顾好,让参观者欢喜,传播美名,就是在为国家、社会争取荣誉。所以,即使做小事,也需要细心,才能把小事做好。

第三,做难事肯忍耐

事情有容易做的,有不容易做的。容易做的事,不一定要你来做,大家都会做;困难的事,就必须是可以接受挑战,可以处理困难的人才能承担。处理困难的事,最重要的就是忍耐力。有忍耐,方能担当苦难;有忍耐,才能化解困难;有忍耐,才能发挥力量;有忍耐,就能坚持到底。有的人欢喜做具有挑战性的工作,不在乎事情大小,他都愿意,即使遇到困难也不怕难,这种胸有成竹的动力即是来自忍耐。假如遇到一点挫折、困难,就灰心丧志,便无法成就难事了。因此,做难事,要养成忍耐力。

第四,做善事能无相

有很多人都想做一点善事,但你能真心为社会、苦难的人做一些好事吗?做好事不要沽名钓誉,不一定要人家知道,我才愿意把善事做好。真正的善事是要无相,无相就是不计名、不计报答、不计人家的感谢与否,而且做了以后都要忘记,以《金刚经》中"无我相、无人相、无众生相、无寿者相",没有分别、执着的心,去成就善事美事,才有真功德。

做事可以从小事做起,积累丰富经验;做事也可以大事作为目标,不断努力,成就一番事业。但千万不要大事无能,小事执着,那可就不好了。

创业条件（一）

一个想拥有事业的人，只要用心体会大众的需求，就有机会创业。尤其现代的人在科技的助力下，早已颠覆传统的创业模式，他们敢冲、肯拼、富创意、勇于创新，因此处处充满创业的机会。虽然如此，创业还是有基本条件，提供以下四点：

第一，运用资本

创业需要资金，当然不在话下，但如果懂得运用不同的资源，即使手头上没有足够的创业资金，还是有机会的。比方可以采取合伙投资，一方面投石问路，一方面储备财源，寻求让双方获利的机会。接着善用资金、开源节流，创业发展就不是问题了。有多少钱，就做多少事，不但借贷容易，也降低了创业的门坎。

第二，人脉缘分

人脉是创业的重要助缘，尤其白手起家者，更需要广结善缘，才能在事业上增添助缘。有了活络丰沛的人际网络，不但可避免孤军奋战的窘境，还能增加源源不绝的机会与交流渠道。除了亲朋好友，同学、同事，乃至同行或非同行的人，都是建立人脉的对象。

第三,创造时机

现今环境迅速变动,要从诡谲多变的时局中,有效掌握时机,就要时时觉察、分析时势。平时努力学习,让自己具备专业知识与技能,一俟市场需要,就积极投入,抢先创造时机,也是事业成功的条件。

第四,条件具足

创业没有大师,即使现今杰出的大企业家王永庆、张忠谋、比尔·盖茨等,他们成功的途径,也不见得适用每一个人。重要的是,要了解自己的优势、劣势,找出适合的方案,并投注时间、心力;自身条件具备了,自然无事不成。

除了赚钱谋利的目的,创业更可以打造一个发挥能力、才华的舞台。社会上事业有成者,无不是从创业中获得自我的成就。即使大器晚成,只要因缘成熟,懂得把握机会,善用人力,结集资源,则创业有成,就是早晚的事了。

创业条件(二)

一个人想要创业成功,除了拥有足够的资金、专业的技术等外在条件,内在的健全、管理的能力、事业的远景也很重要。以下再谈四点"创业条件":

第一,经验务实是事业之本

经验来自实践,成功由于力行;一个人想要有所成就,最重要的是勇于从实践中汲取经验,再从经验中积累实力。所谓"千里之行,始于足下",事业的扩展是一步一步进行的,根基愈稳固,发展的空间就会愈大。因此,创业者除了要有远大的志向,也要克服好大喜功的心态,抱持脚踏实地的创业精神。

第二,诚信和谐是事业之本

诚信为立业之本,不论是主管或员工都必须讲究诚信,才能提升组织的声望。诚信是无价之宝,能够得到客户的信任,事业才能蒸蒸日上,否则很快就会被市场所淘汰。另外,人与人之间,即使是夫妻,也要相敬如宾,才能和谐到老;即使是父母子女,也要以礼相待,才能上下和谐。而团体的和谐,更是内部安定的力量;人事和谐有助于事业的发展。

第三，时节因缘是事业之本

事业的创立不是一朝一夕可成的，需要资金、人力、市场等条件，这种种时节因缘，都是创业不可或缺的条件。以美国阿姆斯特朗登陆月球为例，不仅仅是个人的成就，更是美国整个科学界的努力方可完成。世界上的各种成就，都是因缘和合而成，事业的创立和成就，当然也不例外。

第四，时空通达是事业之本

人的世界，有前面的半个世界，也有后面的半个世界；有心外的物质生活，也有心内的精神生活。甚至有了前后内外，还要通达古今上下，才能有全部的人生。创业亦是如此，心中要有人、有事、有物、有是、有非、有古、有今，如此时空通达，方得任运自如。

创业不只是以金钱来换取结果，也不只是一间办公室就能成立，需要集合众多的因缘条件才能成就。

善为主管

中国人有一句老话："宁为鸡首，勿为牛后。"人性趋向于欢喜领导别人，却不愿被人领导，总想管人而不被人管。事实上，到了现代民主社会，管人，已是落伍的思想；一个好的主管，应讲求人性化的管理，而非盛气凌人，高高在上。如何成为好的主管，给予四点意见：

第一，目标明确提示

船只在大海中，因为有明确的目标，所以不怕迷失方向；飞机在空中，因为有明确的航线，所以可以安心飞行。身为主管，必须给予部下明确的指示，目标是什么，才能有依循准则。大众看清目标，就可以向前迈进。

第二，凡事以身作则

佛陀亲自为年老的弟子穿针引线，为生病的比丘端药倒茶，表示佛陀的平等慈悲、以身示教的精神。俗语云："身教重于言教。"一切的言教，均未能比"以身作则"更具说服力。

第三，聆听属下意见

聆听，是做主管的美德，是对别人尊重的行为。身为主管，面对属下前来向你报告,认真倾听;属下前来建言,自己必定获益,也能得到支持。

第四,胸怀包容异己

展现包容异己的胸襟与气度,这是做主管必有的雅量。身为主管,胸中也要能把好坏、善恶、长短、得失,包容纳受,不因异己而有执着,因为有容德乃大。

凡事锱铢必较,岂能成为主管?唯有心大才能领导人,成就大事业。

现今民主的时代,身为主管能亲众爱众,才能受人拥戴。有平等观、慈悲观的性格,时时心系着"我该如何为大众服务,帮助大众解决问题"?用心尽义,方才善为主管。想要领导他人,此四点意见不能不注意。

好主管

一个家庭里有家长,所谓"一家之主",家长就是主管。一个村有村长、一个镇有镇长,村长、镇长也是主管。举凡机关团体、公司单位、学校工厂,无论规模大小如何,都会有许多阶层的主管。而一个人一生,只要肯勤劳向上,或多或少,也有机会轮到自己做主管的时候。怎样做一个好主管?有四点意见:

第一,好善无厌

收藏家对于善美、精致的作品,无不用尽心思将其搜罗。身为主管,对于部属一切真善美的特点,也要如同搜罗珍宝一般,百纳不厌。周公捉发吐哺,求贤若渴,身为现代主管,只要是好人才,也要如大海纳百川般,统统接受,给予发挥空间,适时举荐。倘若妒贤害能,不肯拔擢,深怕部属胜过自己,那就不是好主管了。

第二,受谏能诚

《贞观政要》云:"木从绳则正,后从谏则圣。"作为主管,不但要有听取部下意见的胸襟,还要把属下建议的话"听进去",进而改善己过。唐太宗广纳谏言,历史上留下"贞观之治"辉煌时代;反之,宋襄公标榜仁义之师,但不能审时度势,不听群臣劝谏,执意与楚军一战,结果兵败身亡。古来帝王遇到好的大臣劝谏,他也要听得进,才是明君。所以,一个好主管要受谏能诫。

第三,闻过则喜

人非圣贤,孰能无过? 有过失,没有大不了的;有过失,肯认错改过,才是令人称道,"周处除三害",不正是"知过能改,善莫大焉"的最好例证。现在有许多主管阶层的人,死不认错,错不肯改,这很容易为自己招来麻烦,陷入窘境。假如是一个好主管,他闻过则喜,闻过则改,绝不为自己的过失遮掩与推托借口。

第四,精益求精

主管是领导团体向前迈进的指标,团体要能与时俱进,必须不断求新求变。精益求精,是产品质量不断追求的高标,也是一个公司企业成长永续的原动力。人也是一样,所谓"好还要更好",懂得追求真善美,精益求精,不断寻求进步,才是真正好主管。

其实,除了主管是带领团体发展的火车头外,每个人对于自己口说、身行、心想,也都必须负起管理之职,你不去管人而管自己,人人做自己的主管,你也会是一个好主管。

主管的形象

在社会上,每一种职务角色,都有他的形象;像军人有勇敢的形象,警察有正义的形象,乃至模特儿有美丽的形象,清道夫也有辛勤的形象。无论在哪个单位、团体,都会有主管,如果想要做一名主管,应该树立一个什么样的形象?以下有四点意见:

第一,不露喜怒之色

做主管的人,不能一下子欢喜,一下子生气,因为你高兴欢喜,部属都会跟着你欢喜,你生气烦恼,部属也会跟着你忧郁,因此,做主管的人喜怒哀乐不可形于色。欢喜的时候,不必得意忘形;生气的时候,也无须冲动鲁莽,这才是个沉稳高明的主管。

第二,不昧己身之过

做主管的人,不可隐藏自己的错误,甚至要不断地认错。西方社会国家,有一些官员常常自我解嘲,拿自己开玩笑来化解冲突、尴尬、误会的场面。因此主管有过失时,你跟部下道歉,自我责备,就像过去皇帝下罪诏己,不但无损于尊严,相反的,必定能获得部属的认同支持,部下也必定得到很好的身教影响。

第三,不拒困难之事

佛经说这是一个娑婆世界,总无法避免遇到困难、挫折、沮丧的事。身为主管,不要把困难的事情全交给部属去做,困难的事,要由自己担当,你能排除万难,你的经验就会增加了,你能解决困难,你的力量也增强了,这个主管的角色,必定更上一层楼。

第四,不信一面之词

人与人共事,难免意见不同,有时这个部属跟你说是非,有时那个部属跟你道长短;做主管的人,要谨慎小心的是避免听信一面之词。假如你只相信一面之词,后果不堪设想。因此,你要兼听,所谓"兼听则明,偏听则暗",能两面皆听,才不会失去客观、公允。

宗教家慈悲的形象,令人温暖;修道者精进的形象,令人赞佩。要做好一名杰出的主管,获得部属的认同支持,这四点"主管的形象",值得我们参考学习。

领导人的层次

领导是一门学问,一项艺术,也是一种功德,领导者要能为大众谋求福利,要为大众减轻负担,要为大众计划未来,要为大众担当责任。领导的哲学,有上等、中等,也有劣等,这就要看领导者的能力如何。领导得法的人,他的属下如沐春风,团结合作,不如法者则反之,有的离心离德,有的故意捣蛋,乃至求他而去。"领导人的层次"有哪些呢?

第一,下等领导,要尽己之能

下等的领导人,他只顾表现自己的长处,发挥自己的能力,把所有的事情,都给他一个人做了。这样的领导者,确实了不起,也很能干,但是他只是一直表现自己,忽略了团队合作的意义,不算高明,只能算是一个下等的领导人。

第二,中等领导,要尽人之力

有一句话说:"人尽其才,物尽其用。"如果一个领导人,他的心量如海,不拣粗细,可以"尽人之力",也就是说,部属有什么力量,都让他发挥出来,这是中等的领导人。

第三,上等领导,要尽他之智

一位上等的领导人,他不但会让每个人的力量都用出来,还要把各人的智慧、才智都发展出来。他让每一个人贡献他的智慧,所谓"百家争鸣""百花齐放",让这个团队,发挥得多姿多彩,这就是一位上等的领导人。

第四,高等领导,要尽众之有

更高一层次的领导人,他能够"尽众之有",让所有跟随他的大众,没有一个人不奉献他的能力,没有一个人不把他的智慧贡献出来,甚至没有一个人不把他的心,统统都奉献出来,如佛门有所谓"色身归于常住,性命付予龙天",大家"群策群力""群心交心",彼此都肯"交心",做起事来就会着力。"尽众之有",这就是最高的领导人了。

《荀子》云:"口能言之,身能行之,国宝也。口不能言,身能行之,国器也。口能言之,身不能行,国用也。口言善,身行恶,国妖也。治国者,敬其宝,爱其器,任其用,除其妖。"

我们自己要做哪一种的层次领导人呢?这四等领导人,可以作选择。

善为领导人

很多人都希望要做一个领导人,而不希望被人领导。其实,领导人固然要有能力,能被人领导,也是不容易。而作为一名领导者,也有其领导者的性格,才能尽领导之功,成大众之事。怎样才是一位好的领导人?有四点:

第一,待人要和平有礼

做一位领导人,对待你的部下,乃至与所有相关人等往来,最要紧的,要能亲切和蔼,要给他感到你很平易近人。诸葛亮说:"将不可骄,骄则失礼,失礼则人离,人离则众叛。"愈是最高的领导者,你的态度愈平和有礼,部下也会升起恭敬心,接受你的领导。

第二,处事要精简有道

做一位领导人,要观照的层面当然很多,但是你不能过分地繁琐、过分地啰唆。繁琐令人厌,啰唆令人烦,因此,处事要能精简有道。所谓"化繁就简",如此接受你的领导的人,才会清楚明白你的原则方针,就会愿意跟随你一起做事。

第三,论理要中道有分

一个事业团体,一定有其创办的理念、法则,身为领导人,你必定要认识，并且抓住这一个理念目标，无论做什么事情，才不会有所偏差闪失。尤其必须要有分寸，不可以偏左、偏右，持之以正，懂得分寸，中道行事，才不会偏失大方向。

第四，领众要融和有义

人心最大的陋习是"同归于尽、嫉妒褊狭"，因此，统理大众，必须要有融和的雅量，只有融和，才能宽大和众；只有融和，才能彼此交流。不但融和，更要有义，"与人交，要有情有义；为人谋，要有忠有信"。你对人有义，不必领导，他也会愿意接受、跟随你。

所谓"善将者，不恃强，不怙势，宠之而不喜，辱之而不惧"。你有宽宏的胸怀、平等的精神，不仗势，不凌人，不清高，不霸道，对于跟随我们的人，多提拔，多赞美，有过，予以承担，有功，给予分享，自然获得部属的拥护。

领导人津梁

人总希望做一个领导人,做一个人上人。人是群体的、相互关联的,做事能得到整体的认同,不能只发展个人。在群我精神上,如果理念不同的话,如何成事?因此,作为一个领导人,有以下六点意见:

第一,求革新不可以太快

有很多领导人,一上任就革故鼎新,但有时候你太快了,欲速则不达。不要忙着要改,别人会不习惯,有些人性格比较保守,对你的革新,他不肯认同,就会阻碍、麻烦了。所以,改革要在不知不觉中进行,如美国总统当选后都说:"我的国家,过去对其他国家订的条约,一切继续履行。"意思也是先求安定再求改革。

第二,厌恶人不可以太明

你现在做了领导,当然有一些不好的人,你讨厌他,不欢迎他。不能用自己的情绪,引起他的对抗,要注重人与人之间的和谐,"天时不如地利,地利不如人和",才是领导之道。

第三,整弊端不可以太尽

做了领导人,你要大事整顿,兴利去弊,可以做,但不能太尽。

有云"水清则无鱼",做事不能太绝,要慢慢疏导,路走得宽、走得远非常重要,尤其是人情,要留个空间,所谓"面面俱到",才是重要。

第四,用人才不可以太急

你心目中什么是人才,你可用他,但不要太急。一下子引进私人亲信,只有坏事,自己适意的人选,可采取温和的调整方式,适当更换,减少阻力,有助于顺利行事。

第五,听发言不可以太率

让部属敢发表意见,不可以太快表达不同的意见,要很仔细听他讲说。不要有主观成见,要让他把话说尽,用鼓励的方法给予尊严,最容易得到人心。

第六,对自己不可以太宽

有时候人对自己太宽,对别人很严。其实应该严以责己,宽以待人,对自己严格才能使人悦服。"躬自厚而薄责于人",才是最好的领导管理。

如何带动属下

一个人不但要学习领导别人,更要懂得自己如何被领导,最怕的是,不能领导别人,又不能给人领导,这就很麻烦了。要领导别人,虽然不容易,从中学到做人处事的道理,却是难能可贵的。如何当一名领导人带动属下呢?有四点意见提供:

第一,对己德不宣扬

竹高腰弯,水弯流长,对于自己的特长才情,要能谦冲自牧,不要一味地自我宣传,自我表扬,甚至自夸种种好处,评判别人种种不是。讲时可能洋洋得意,属下听了却对你的道德大打折扣。因此,不扬人之短,不说己之长,这是身为领导人的重要法门。

第二,对误会不辩解

遇到别人误会,或属下误会的时候,一个有智慧的主管,对无由来的毁谤、闲言闲语,不必介意,也不必辩解。多解释,不但得不到服从,激辩之际,语言还会伤及无辜。只要多宽恕、多忍耐,一段时间之后,自然云散风清,得到化解。

第三,对错误不埋怨

有一句话说:"承认自己的错误,要立即而快速;但是批评他人,却应该慢一点。"属下经验不足,总难免有一些错误、过失,身为主管者,不要老是埋怨其不是,或与部下斤斤计较。你适时扬善于公堂,归过于暗室,掩护他一点,帮助他一点,为人属下者会铭感在内,更忠心于你。

第四,对工作不失职

印度总统甘地曾说:"领导,就是以身作则来影响他人。"主管本身要着重身教,守时守分、勤于办公,部下看到你,自然见贤思齐,向你学习。对工作不失职,以身作则,才能建立共识,带动属下,朝向目标共同努力。

父母有德,子女会好;主管有德,属下会好;身为主管者,应当检讨自己,我有以身作则吗?我有善待属下吗?我有时时赞美属下吗?要成为一个好的主管,唯有不断自我检视、改进,才能带人又带心。要带动部下,以上四点可供主管作为领导方针。

与属下相处

一个工作团队能否表现出最好的绩效,领导者是重要的关键之一。过去的观念总认为"属下难做",因为要获得长官的欢喜、认同并不容易。到了现代,由于个人自我意识发展,面对所谓"新人类、新思维",有时候反而是"主管难为"。到底要如何与属下相处,才能有效地发挥团队功能呢?

第一,以关心代替干涉

关心属下是爱护的表现,但有些主管,因为阅历丰富,以自己的经验,过度干预属下对工作内容的进行,弄得双方不欢喜,彼此俱疲。因此,主管不如扮演顾问、协助者角色,适度地给予原则督导,以关心代替干涉,让他有自由发展的空间,发挥个人的特质优点。

第二,以服务代替要求

主管的角色在于统筹、决策,提供服务。有些主管能力大,脾气也大,工作超时超量,要求严苛,以致属下不胜负荷。一个团体靠少数独揽全局的主管可能成功,但也要有良好的管理团队才能永续经营。因此,要求别人不一定能够如愿,要求太高、太多,他做不到,反而影响士气,不如以服务代替要求,可能更容易发挥他的潜能。

第三,以合作代替命令

所谓"管理",不一定是高高在上发号施令,命令太多,他也不一定欢喜接受。佛教讲"同事摄",你不如跟他合作,与他共事,步调一致,以协调、商议来代替命令,让大家彼此沟通了解,发挥集体创作、同体共生的精神,才是最上乘的管理方式。

第四,以勉励代替责怪

身为主管,有时固然"恨铁不成钢",但也要考虑每个人不同的根性与因缘。属下经验不足,难免会有错误、过失,与其计较抱怨责怪,何妨确实了解他的困难不足。在禅门里,盘珪禅师以慈悲爱心,感动恶习不改的惯窃;仙崖禅师以不说破的方式,感化顽劣的沙弥。为对方留一些颜面与余地,给予适当的指导与勉励,相信属下必定会心悦诚服,用心改进。

要担任一位优秀的管理者,是既辛苦又具挑战性,除了要能运筹帷幄,还要懂得心理分析、沟通协调、人际关系等。而管理的最高妙诀,在于能够先管理好自己的心,将自己的心管理得慈悲柔和、人我一如,与属下相处,必定能够获得认同。

对待部属

做一个领导人,必定有不少的部下。像现在工厂、公司、团体、企业机构等,一定有员工部属;学校的老师,也有学生,甚至家里父母,也有儿女。这许多的关系牵连中,有着上下的关系,在上位的人,如何对待部属呢?

第一,说义不宜深但要明

有时候,上面的人对属下讲话,讲得太深的道理,讲得过于高调,他听不懂,无法理解接受,那也等于没有用;因此,最要紧的是,所谓"讲清楚、说明白",你讲说明白,他就容易执行了。

第二,下令不宜繁但要简

言语,是人与人之间的沟通桥梁,对你的属下,要下达一个命令时,固然不可以朝令夕改,但也不宜太过繁琐,事繁易生烦,你要把握原则、简明扼要,让你的属下,很容易有所遵循,就能建立起共识。

第三,教人不宜严但要慈

诸葛亮说:"善将者,其刚不可折,其柔不可卷,故以弱制强、以柔制刚。纯柔纯弱,其势必削,纯刚纯强,其势必亡;不柔不刚,合道之常。"教导你的属下时,不要过于苛严;你要有慈悲心,给他方便,让他容易实践;讲话不伤他,做事不磨他,他必定欢喜纳受。但是现在有很多长官,刁难属下,讲话刻薄,这都不高明。让属下有发挥的空间,心甘情愿,彼此才易合作。

第四,待人不宜苛但要宽

一个领导对待属下,如果你很宽厚,属下必定对你服从,并且拥戴你。如果你太过苛刻,常常为难他,找他麻烦,增加他的困扰,增加他的工作分量,延长他的工作时间,太多的要求,他不一定服气你,甚至在其他方面,他就给你怠工、开小差,这反而划不来。若不体恤属下,人心难以归向,迟早会失败。

因此,做一个领导人,乃至为人父母,如何对待属下、子女、晚辈,这也是一门统御学。如何对待部属?以上四点意见贡献参考。

行事的进阶

爬山，要一阶一阶向上，才会登顶；读书，也要一级一级积累，才能进步；做事，也有各人的层次、巧妙不同。有学问的人，有学问的层次；有道德的人，有道德的层次，甚至，在行事、在年龄上，也有很多深浅不同的层次。以下就年龄讲述行事的四个层次。

第一，少年时，用意志来行事

少年的时候，意气飞扬，活力十足，如同有一句话说："只要我欢喜，有什么不可以。"鲜少经过周密的考虑做事。假如你能依着自己的意志，"我喜欢、我要"来行事，完成自己的梦想，并没有错；但是，这句话不对，而且非常危险。你欢喜的事，它却不道德、不合理，对别人有害，就是不能做。因此，少年用意志行事，最好能有善知识的提携与指导。

第二，青年时，用智能来行事

青年的时候，他的知识慢慢成熟，会懂得用理念、想法、智慧、能力来行事。这个时候，他不会完全冲动，而有一股勇气与热忱，他少了一分稚气，增加了一分理智，一步一步实践理想，达成目标。

第三，中年时，用判断来行事

到了中年、壮年的时候，他做事也不莽撞了，也不感情用事了，凡事都经过一番考虑、经过一番抉择、经过一番审察。他逐渐累积知识，经过人事历练，懂得用判断作为行事的标准，成为人生行事的黄金时期。

第四，老年时，用圆融来行事

到了老年的时候，他的人生经验丰富、社会阅历无数，生命已臻成熟圆融。因此，无论做什么事，他都会思前顾后、左右考虑，他不愿意伤害任何一方，也不会只听信一面之辞，他以圆融行事，周顾十方。

做事人人都会做，却有这许多层次的不同。我们希望少年人做事，凭着意气、勇气，但是加一点中年的判断、老年的圆融。老年人的行事，除了圆融以外，也能保持年轻的活力，带有青年的智能，加上中年的判断，那就更能圆满了。

成就事业的条件

选美,先有起码条件才能入选;参赛,要有基本资格才能入围;成就事业是每一个人的理想、愿望,要想能成就,也必须要有成就事业的条件,以下提供四点意见参考:

第一,去伪存诚,信用如一

做事业,要有合伙人;做买卖,也要有主顾;无论是合伙人、主顾,他最重视我们的,就是我们的信用、诚实、不虚伪。一个人能把伪装、虚假去除了,诚诚恳恳,始终如一,尤其诚信能一以贯之,就不怕信用扫地,这就是最好的招牌。

第二,言语行为,内外不二

有的人,说的是一回事,做的又是另一回事;有的人,外表是一回事,心内想的又是另外一回事,言语行为不一致。《左传》有谓:"华而不实,怨之所聚也。"内外不相应,就不能获得人家的信赖付托,唯有言语行为,内外不二,才能成就事业。

第三,矢勤矢勇,贯彻始终

文章先从一字一句写起,才能完成;耕种也要从一铲一锄开始,才能丰收。想要创造事业,肯定是"万事开头难",你必须要有勇气、勤劳、勇往向前、精进不懈怠,才能成就。能有克服困难的精神,经得起挫折的意志,想办的事业、目标,能贯彻始终,何愁成功不来招手敲门?

第四,实事求是,脚踏实地

我们想要成就一番事业,最怕的是心太高而超过现实,或是心中虚妄不求实际,自我夸大、自我膨胀,这样是很危险的。最要紧的是,你能有多少本钱,就投资多少事业;能有多少的能力,就从事多少事情;实事求是、脚踏实地的人,必定比较容易成就事业、创造事业。

所谓"法不孤起,仗境方生",世间上的事事物物,既非凭空而有,也不能单独存在,必须依靠种种因缘条件和合才能成立,所以,成就事业也要有条件,以上四点可以参考。

工作秘笈

生活在这世间,辛辛苦苦学习做人、做事,就是希望成功立业。如何才能成功立业呢?有四点秘笈说明如下:

第一,以不屈不挠为亲友

所谓"懦夫祈求平安无事,勇者解决危难困穷"。古今中外,圣贤达者无不是在违逆受挫时,愈发显现他坚毅卓越的精神;所以不屈不挠,作为勉励自我的亲朋好友,以此为奋发的力量,成就一番事业。

第二,以经验常识为顾问

一个团体,需要以智囊团为顾问;一支军队,也要有参谋为顾问,我们也应以经验常识作为顾问,吸取教训,获得智慧。春秋时代,管仲与隰朋跟随齐桓公至北方讨伐孤竹国,回国时军队迷了路,管仲说:"老马能识途。"齐桓公让老马走在前头,果然找到回齐国的路。走到一半遇到缺水,隰朋说:"蚂蚁穴下,必能挖出水来。"齐桓公依此而行,果然挖出水源。这就是懂得以经验常识作为顾问,因此才能解决困难。

第三,以谨慎规范为兄长

一位好的兄长会教导我们后学,成熟我们的发展。兄长并非单指血缘手足，一句名言、一件善行，可以作为我们的兄长，谨慎的态度，规范的生活，也是我们的兄长。诸葛亮一生得到刘备的信任，也是他懂得谨慎规范自己，因此，我们应以谨慎规范为兄长、为至戒。

第四，以信心有恒为守护

一个公司所以需要警卫，为的是维护公司的安全；一个人所以需要宗教信仰，为的是寻求心灵的庇护。人生在世，用什么作警卫守护呢？信心、恒心。有了信心，内心的财富、宝藏，就不容易丧失；有了恒心，就能开发潜能，就有前途和未来。所以，信心、恒心就是我们自己的守护神，有了信心恒心，就拥有取之不尽、用之不竭的能源。

赏罚分明

国有国法,家有家规。无论是国法或家规,重要的是必须赏罚分明。一个军队赏罚分明,可以提升军中的士气;一个公司赏罚分明,可以提升公司的业绩;僧团赏罚分明,可以巩固大众对常住的向心力。如果赏罚不明,大众必定不服气,所以"功、过"一定要给予适当的奖赏处分,赏罚一分明,制度就容易建立。关于赏罚分明有四点:

第一,有过必有罚

一个团体必须讲究纪律,不能因这个人平时对我好或者是亲朋好友,有过就不惩罚,如此很容易引起别人的反弹。西蜀诸葛亮北伐时,因马谡不听他的调动,擅自做主,因此败北丢失街亭。虽然马谡才气过人,得到诸葛亮的器重,但为了严肃军纪,诸葛亮还是忍痛挥泪斩马谡,并上表请求自贬三等,承担失败之责,从此蜀军上下,再也不敢违命。所以有过必罚,不能优柔寡断,感情用事,这样上下才能团结一致。

第二,有功必有赏

部属有功劳而不奖赏,他会不服气,以后就不肯立功,甚至造成上下离心离德,难以领导。《说苑》言:"有功者不赏,有罪者不罚;多党者进,少党者退;是以群臣比周而蔽贤,百吏群党而多奸;忠臣以诽死于无罪,邪臣以誉赏于无功。其国见于危亡。"所以有功必赏,可以激励工作态度,也能融洽上下关系。

第三,有种必有收

想要怎么收获就要怎么栽,一个做主管的,说一句好话,可以让部属"鞠躬尽瘁,死而后已";老师一句鼓励的话,可以造就一个好学生。一个人只要自己肯努力,一定会有成功的一天,如中国大陆羽毛球选手熊国宝,虽然最初不被视为能为国争光的人选,但是在自己不断努力下,终于赢得世界冠军。所以世界上每做一件事都是在播种,只要播下善种子,不怕没有好的收成。

第四,有业必有报

佛教讲"因果业报",即种如是因,得如是果,无论是达官贵人或贩夫走卒,都离不开"善有善报,恶有恶报"的业报定律。这个"业"就是我们身、口、意的行为,我们每说一句话、每做一件事,必定有其因果报应。尽管世间法会受到个人主观、情感等因素的影响,很难有绝对的公平,但是在因果业报之前人人平等,所以,我们必须对自己的言行负责。

《论语》说:"举直错诸枉,则民服;举枉错诸直,则民不服。"赏罚分明,可以培养是非因果的观念,可以提高工作效率,更能让政治清廉、人民安乐。

善为属下

大地能生长五谷、喷甘泉,默默承载万物的繁衍;为人属下者,与主管相处,也莫过于"居下犹土",具有成就主管的心胸,凡事多承担、多受委屈,必能为主管倾心相授,获得青睐和肯定。如何成为一等的属下,共归纳出四点意见:

第一,性格坦率,堪受重任

性格不隐藏、不做作,处事直率、坦诚,方为主管所任用,也是工作应有的态度;反之,对事物轻忽懈怠,隐瞒疏远,抑或是行为扭曲,又担心批评,做事必然畏首畏尾,想要事业有成,实在难矣。一个为人部属者若能不分工作大小,均能全力以赴,抱持"责无旁贷"的精神,让主管有"你做事,我放心"的态度,便是堪受重任之才。

第二,简明扼要,热心服务

安排工作有条不紊,说话报告简明扼要,直截了当,避免啰唆,条理分明,热心服务,都是主管心目中的好部属。另外,凡事不推托,对主管交代的事情,尽心完成;同侪需要帮忙的,热心协助。必能赢得主管的欣赏,也能获得同侪的认同。

第三，积极坚定，固守原则

一个人的态度积极坚定不移，便会有一股进取的力量。刘备三顾茅庐，因为积极坚定，赢得诸葛亮"鞠躬尽瘁，死而后已"的全心付出；此外，处事公私分明，力守原则，不为利益所动摇，于"富贵不能淫，威武不能屈"之下，定能成就一番事业。

第四，自信自强，通情达理

一切事业的成功皆因自信孕育而出。自信是敢于挑战，自强是永不服输。自信是源泉，自强犹如波涛，奔腾不息，做人处事唯有自信自强的奋斗精神，才有成功的希望。自信自强，通情达理，才能圆满人生。

在《长阿含·善生经》里记载，为人属下应以五件事对待主管：一、勤奋早起；二、计划详细周密；三、不私取主管之物；四、处事条理分明；五、经常称赞主管的善德美名，都可让属下奉为圭臬。

敬业是一种对自我负责的态度，部属能尽职尽责，就是分担主管的压力，为主管做了最好的事情。

对待下属

我们每一个人,在家庭里,上有长辈,下有晚辈;在社会上,上有长官,下有部属,无论是长辈或是属下,都要讲究一个对待的礼法。如何对待下属?有四点意见,提供大家参考:

第一,宽恕过失,自我担当

主管对待属下要宽容,要原谅他的过失,要代他担当一些,不能把所有的过失都归咎于他,将好处、利益、光荣都由自己承受。一般人对自己的作为都有自知之明,在过失之处总有愧疚之意,一旦得到主管意料之外的原谅,定会引发感激之情,为之感恩图报。楚庄王"绝缨会"赢得属下唐狡舍命相报,即是很好的例子。

第二,责人之失,要能体谅

有时候部下一而再,再而三地犯错,做主管的要责备他,必须抱持着谅解的心,不能毫无一点宽容安慰的体谅。若是太过责备其过失,他表面上不敢反抗,内心却很不服气。因此,责备的前提必须让他了解,你的责备是为他好,是站在他的立场,帮他修正、改善他的过失。最好以鼓励代替责备,方能赢得他对你的尊敬。

第三,体恤所需,给予厚待

身为主管者,你能了解属下的能力吗?属下的生活好吗?金钱够用吗?你要能协助他,凡是他所需要的要给予支持、给予宽厚,这个属下必定会为你尽忠效命。人不是一开始就拥有肩挑百斤的力量,而且各人所长不同,如果凡事太过要求完美,只是徒然自恼恼他而已。因此,身为主管者,可以从简单的工作开始交付,一方面增加属下的信心,一方面观察他的能力,才能任其所适!

第四,严整纪律,切实要求

遵守纪律是维系团体正常发展的不二法门,因此,身为主管者,对属下必要求切实遵守,若违反规范,不应徇私,重过轻罚,或是代他受过,而要一视同仁地对待所有的部属。执法不是滥施压力和保卫自己的地位,实行纪律的目的在于教育,而不是惩处,也是确保团体的运作有章可循。

对待属下最要紧的是凡事不要要求太多,没有任何事情可单凭己力,独自完成,总是需要借助他人的帮忙;部属则是主管运作的直接力量,当你了解并满足了属下的需要之后,你会发现,做起事来一点都不费力。

处事之弊

做人圆融与否,从做事就可以看出梗概。做事虽然要懂得善巧方便,但也要有不变的原则,也就是要圆融,但不能圆滑。例如有的人服侍主管,只知一味地奉承,投其所好,完全不分是非善恶,不顾后果如何,这是做人处事应戒之弊病。有关"处事之弊",有四点说明:

第一,投其所好是欺人之举

做人要对上不欺天,对下不欺人,对内不欺心,对外不欺世。所谓欺人,不一定指行为上以暴力侵犯别人,或是在言语上蒙蔽事实。有的人与人相处,完全不管对方所做是对是错,是好是坏,而只针对他的喜欢与否,一味地投其所好,以期获得他的另眼相看。如此行为就是自欺欺人,不仅有损自己的人格,对他人也会造成伤害。

第二,一味奉承是欺人之态

有的人善于奉承、拍马屁,尤其对于心中想要讨好的对象,一再地称赞他这个好、那个好,甚至连做坏事都好。这种人不论是非,只知一味奉承,就是欺人之态,明眼人一看便知道。此等小人作风,有损自己的人格,所以往往未蒙其利,已先受其害。

第三,伪诈蒙骗是欺人之事

"觉人之伪,不形于色;觉人之诈,妙在不言。"有的人交朋友,别有企图,存心想讹诈获利,于是想尽种种办法,虚伪蒙骗、巧取豪夺。此等欺人之事,也许朋友给你蒙骗一时,但能蒙骗多久?再说,如果这个也欺,那个也骗,人都被你欺骗了,究竟有多少朋友可以欺骗呢?所以,虚伪于人于己,有害无益。

第四,花言巧语是欺人之妄

俗语说:"山珍海味少不了盐,花言巧语当不了钱。"说话不实,尽管口才再好,讲的再好听,终究是骗人的妄语。所以有的人专门耍嘴皮子,花言巧语,说得天花乱坠;或许对方不明就里,被你的善巧言词迷惑一时,但是"巧言不如直道"。再说,"目不能自见,鼻不能自嗅,舌不能自舐,手不能自握,唯耳能自闻其声",所以为人应"慎言语以养其德"。

做人要树立自己的形象。形象的树立,就是从平时待人处事给人的观感积累而来。平时种什么因,日后必然收成什么果,所以,欲得好的形象,就应该慎于行事。

眼明心细

人的五官,眼见、耳闻、鼻嗅、舌尝、身行,各司其职。但是五官的功能,要靠心的分别意识,才有好坏、香臭、美丑等作用,所以心是人的主宰。平常讲"眼明心细",就是指一个人很灵巧,很敏捷。除了"眼要明""心要细"之外,做人做事"口要谨""气要平",这也是不可少的涵养。有四点说明:

第一,眼要明,明不失误

眼睛是灵魂之窗,一个人如果少了一双明亮的眼睛,不但看不到缤纷多彩的世界,日常生活中也会造成诸多不便,眼睛于人的重要不言而喻。但眼睛有时也会替人生带来许多麻烦,例如不当看而看,就会看出烦恼、看出是非来。尤其一般人总说"眼见为凭",眼睛所见一定是真的吗?眼睛有时也会有看错的时候,所以孔子曾感叹眼睛不可信,说明眼睛不能只看表相,要看得到内涵,能够观察入微,才是真正的眼明,才不会失误。

第二,口要谨,谨不惹祸

有人说,人的五官当中,眼睛、耳朵、鼻孔都是成双,唯有嘴巴只有一个,意思就是要我们多看、看听,少讲话。所谓"病从口入,祸从口出""言多必失",平时说话要谨慎,不但侵犯别人人格、妨害别人名誉的话不说,甚至有时无关紧要的闲言杂语也会说出是非来,所以口要谨,口谨则不惹祸。

第三,心要细,细不妄为

一个人要成功立业,先要训练自己胆大心细。胆量大,才不会畏首畏尾,做事才有魄力;心要细,心细才能瞻前顾后,才能慎思熟虑,谋而后动。有的人粗心大意,凡事未经细看、细想就断然去做,结果可想而知。所以做事胆要大、心要细,细心判断,才不致冲动妄为,才不会做错事。

第四,气要平,平不执拗

"佛争一炷香,人争一口气",有的人容易意气用事,一件事明知不可为,但为了一时的意气之争,仍执拗地去做,结果事后才后悔不已。所以做人要心平气和,气一平就不会执着,心平气和才能找出解决问题的方法。所谓"气和心境好,心平无烦恼",心平气和是自我保健与和谐人际的重要法门。

一个人要想有进步,先要心平气和以处事,虚心卑下而做人,平时要谨言慎行,要眼明心细,能重反省、勇改过,然后学德方有进步。

建功立业

梁启超先生说:"今日之我不惜与昨天之我宣战。"世界上的人都希望自己能不断进步成长,希望自己能建功立业,怎样才能建功呢?怎样才能立业呢?建功立业的方法,提供以下四点参考:

第一,要立定志向坚定目标

曾国藩曾说:"士人第一要有志,第二要有识,第三要有恒。"其中"立志"即为首要。读书如此,世间事业也是一样。立志是人生奋斗的第一步,"志不立,如无舵之舟,无衔之马",毫无目标,如何有成就?立志如同火车头,带领列车驶向正确的目标;立志也像指南针,在茫茫大海中不致迷失方向。科学家立志研究发明,为人类留下贡献;企业家立志经营,才有获利所得。要想成功立业,第一要立定志向,坚定目标。

第二,要充实学问修养品德

非学无以广才,具德为人所敬。想要建功立业并不能单凭口号而不付诸实践,必须靠自己充实学问,具备丰富常识及良好品德修养。你看,孔子好学不倦,品德高尚,历代尊为"万世师表";曹操雄才能文,却因多权诈,而被人讥为"一代奸雄"。空中楼阁无以久立,一步登天难稳基础;事业的成就不但要靠福德因缘,还要靠学养品德,一步一脚印,才是迈向成功的途径。

第三,要胸怀宽大气度恢宏

你的事业做多大,就看你的心量有多大。诸葛亮七擒七纵孟获,以宽大的气度赢得信服,也获得西南边境的安定;周瑜机智过人,却为人气量狭小,处处设用计谋,屡屡被识破,最后只留下"既生瑜,何生亮"的慨叹。人最怕心胸狭隘,一旦气狭,容易自取烦恼,成就当然有限。要成就伟大的事业,就要培养有宽大的胸怀、恢宏的气度。

第四,要锻炼体格健全身心

建功立业不是来自萎靡不振、懒惰睡觉、闲话是非,追求耳目娱乐。没有强健的体魄,哪有奋斗的力量?没有健全的心理,哪有奋发的精神?台湾王永庆自创"毛巾操",与他的企业一同驰名业界;香港企业家李嘉诚透露健康之道是有规律的生活,包括每日不间断地运动、打球、游泳、跑步等。锻炼体格,健全身心,加上种种努力、种种勤劳,可以说是成功立业的重要条件。

把握住以上四点,付诸实践,那么建功立业必非难事。反之,缺少志向目标、学养品德、气度胸襟、健全身心这许多因缘条件,想要成功立业,实在难矣哉。

领众的秘诀

汉高祖刘邦曾问韩信:"我可以领多少军队?"韩信说:"陛下可以领兵十万。""我只能领十万兵,那么韩信大将军你能领多少兵啊?"韩信回答:"多多益善!"汉高祖听了很不是滋味,韩信补充说:"陛下能领将,而韩信却只能领兵。"由此可知,有的人能领将,有的人会领兵。

在社会上工作,都有机会成为一位领导者。会领众者,则带动大家努力向前;但也有的人领众虽少,却常常不安不和。领众确实是一门很大的学问,也是需要有秘诀。其学问如何?有四点:

第一,轻财足以聚人

金钱不过是财富的象征,改善生存的一种方法,常言道:"钱乃身外之物",过分执着,不知如何使用,也是一种可惜。尤其领众者,太过重视钱财,利益不舍得与大众共享,没有人肯跟随你,如何聚人。相反的,疏财仗义之人,舍弃个人的利益,将利益与大众共享,如此才得人心,众人必将对你忠心耿耿,敬重你,才足以聚集人众。

第二,律己足以服人

作为一位领导者,不能以其昏昏而使人昭昭。检点自己的行为,以使众人心悦诚服地拥护,并服从自己。应以严厉对待、要求自己,对自己规划得严格一点,要求自己言行正当,要求自己守法。如果无法约束自己,又怎能要他人去接受约束呢？如果能够严以律己,就能够使大众心中对你生起敬意,让大众对你服从了。

第三,量宽足以得人

俗语说:"宰相肚里能撑船",肚里能不能撑船,衡量你是否具有资格领众。肚量宽大,能容人才能得人,才有众跟随你。所谓"大海能纳百川,故能成其大;高山不辞细壤,故能成其高"。大海无所不纳,才有宽广的容量接纳百川,高山能够如此雄伟,是因其不择细壤。佛教里"心包太虚""一念三千"的主张,说明了量宽、包容的真义。因此,要想得到人才为自己所用,首先就必须要有容人的雅量。

第四,身先足以率人

无论什么事情都能以身作则,所谓"身先士卒",你就可以统率人众。如果是遇到苦难的事情都叫别人去,遇到利益就自己来,是没有人会跟随你的。老子说:"后其身而身先,外其身而身存。"这就说明,事事都能够带头率先,自然能够率领部下。

古人说:"其身正,不令而行,其身不正,虽令不行。"领众必须以身作则,严以律己、宽以待人,如此才能使大众信服、敬仰。

工作的智慧

每个人一天只有 24 个小时,为什么有的人可以一天当两天用,有的人却一天只能做半天的事,甚至一事无成。到底如何工作才能有效率呢?"工作的智慧"有六点:

第一,任务必须明了

做任何事情都要有使命感,没有使命感就无法掌握未来。不管是读书也好,做事业也好,都需要有明确的主旨和方向,才能集中心力,朝目标努力,也才能不为外在环境、人事阻挠。了解大局,才能妥善布局,如同下棋,想要得胜,不能只是一味地保住眼前的一粒棋,视野要放大,要看到全局,才能运筹帷幄。

第二,资讯必须精确

知识爆炸时代,信息日新月异,变化之快实在是时刻不停,因此掌握正确的资讯更是格外重要。资讯不精确,就像路标指示不明,需要花很多时间再去摸索,效率缩减。所以资讯要精确,才能提供最可靠的消息;资讯要精确,才能作出最合理的对策;资讯要精确,才能在短时间内,达成目标。

第三,说明必须扼要

文章要让人看得懂,要简明扼要;报告要让人听得懂,也要简明扼要。简明扼要有时胜过千言万语,有的人说话不扼要,讲了很久,要表达的重点却只有一句,不免浪费时间和精力。古人说:"知其要者,一言而终;不知其要者,流散无穷。"所以,说明要扼要,切中要点。

第四,分析必须透彻

举凡案情的分析、选情的分析、化学的分析、产品的分析、个性的分析,甚至为了让事情有个水落石出,都必须作透彻分析。在工作上,要对工作方法作分析,才能促使工作有进度、有新意、有效率,也才能提出有效的因应对策。懂得分析的人,才能向困难挑战,以理性处理挫折,不毛躁、不情绪化。

第五,比较必须深入

同样的事情,为什么别人可以在短时间内完成,而且做得有声有色,而我却是挂一漏万,又迟迟不能告成呢?比较看看,是我不够尽心尽力,还是使用的方法有待加强?良性的比较,对工作效率的提升有确实的必要,从深入比较中,得出效力不张的问题点,进一步再作规划及改善。

第六,建议必须具体

活动结束,主办单位希望与会大众填写意见调查表;出版公司在书籍中附回函卡,恳请读者填写意见。一个活动、一个团体要进步,需要很多人共同集思广益,提供意见。建议必须具体,不含糊笼统,才能有效解决问题,就像病症非只有一种,要先知道病因,才能对症下药。

大丈夫行事

在世界上,做人处世,各人有各人的重点。有的人重利,有的人重义;有的人重未来,有的人重眼前;有的人重视个人的利益,有的人强调大众的成就。从个人所重视不同,可以看出见解有别,行事的差异。所谓大丈夫,也不一定专指男士,只要他的行事朝向正见与光明,就是大丈夫。大丈夫的行事原则有哪些呢?

第一,论是非,不论利害

一个有为的人,行事必定讲究是与否、合不合理、该不该,而不是利害关系。是对的,即使对自己有害,他也不会顾忌;是不对的,对自己有利,也不为之。东汉乐羊子在马路上捡到一块别人遗失的黄金,拿回去交给妻子。不料他的妻子却说:"妾闻志士不饮盗泉之水,廉者不受嗟来之食。何况是在路上捡拾别人的黄金?"乐羊子闻言惭愧,于是将黄金交给公家。这就是讲究是非,不论利害。

第二,论顺逆,不论成败

大丈夫行事,不会计较眼前的成败。顺境、有意义的事,当然要做;即使面对不顺的逆境,还是要勇往直前。只要努力去做,成败就由诸多因缘成就了。

第三,论万世,不论一时

君子行事前总会思考,这一件事情做下来,对历史有交代吗?对大众有交代吗?对未来有交代吗?大丈夫所计较的是千秋万世,而不是争一时的成败。你看,文天祥、史可法皆为败军之将,却名垂万世;夏桀与商纣,皆人王也,却遗臭万年。所谓"知人之为善,不可论现行,而应论流弊;不论其一时,而应论久远;不论一身,而应论天下。现行虽善,其流足以害人,则似善而实非也。现行虽不善,而其流足以济人,则非善而实是也"。因此大丈夫行事,以写历史的心,写下经得起万世的评鉴。

第四,论真理,不论人情

有为的人,行事讲究合理合法,不计较人情。意即所谓"依法不依人"。因为,法理是公众的,是无私的;而人情是自私的,是偏袒的,只有法理,才是公平。

《孟子》说:"舜何人也,予何人也,有为者亦若是。"每个人都可以成为大丈夫,这四点大丈夫的行事方针,可以作为我们的参考。

大人风范

何谓大人?《佛遗教经》中说:"忍之为德,持戒、苦行所不能及。能行忍者,乃可名为有力大人。"《慈悲道场忏法》说:"若能于善无有碍者,可谓合道有力大人。"禅师说:"触境遇缘,不变不动,方名有力大人。"如此看来,所谓的大人,并非单指有地位、有名望的人,而是指有修养气度不凡者,如书香之家,有书香之家的风范;君子之德,有君子之德的风仪。如何才算泱泱气度的大人风范?下面有四点意见:

第一,清廉者有容人的雅量

拥有清廉、正直的美德,奉公守法,不贪污舞弊者,当然称得上是正人君子,更重要的是,要有容人的雅量,才称得上是大人。世间人既有贵贱贤愚之分,智力气质也有高低清浊之别。因此,清廉者不一定要用自己的标准要求别人,应包容宽宥别人的不足,"同流而不合污",有包容的雅量,才能感化他人。

第二,宽大者有果断的决心

蔺相如退车避席以让廉颇,感动廉颇负荆请罪;诸葛亮七擒七纵孟获,赢得孟获真心来归。上述两则是历史上以宽大的心胸折伏他人的典故。宽大并非没有原则,没有原则的宽大只是姑息,而非真正的宽大。蔺相如在秦王的淫威之下,仍能完璧归赵;诸葛亮巧谋策划,以老弱妇孺阻止司马懿二十万大军的"空城计",可以得知他们处人心胸宽大,处事却果断勇猛。因此,宽大者更难得的是具明智果断的特质。

第三,聪明者不必苛求严察

对待一个小人,如果太严苛,他反而更要为非作歹;假若虽知他的缺点,却留给余地,他会感受到你的善意而回头转身。真正聪明人,不苛求他人的品德,不严察他人的过失,即俗语所说"不痴不聋,不作家翁"。因此,大事不糊涂,小事不计较的聪明人,才是具备大人风范。

第四,正直者不陷矫枉过正

正直是很好的品德,可是千万不能太过执着。每个人对于品德的要求不一,若以自己的标准苛求别人,不仅他人不欢喜,也会为自己带来痛苦。因此,能持不偏不倚的中道精神,也是大人应有的风范。

在现实的社会上,有财富地位者,当然是大人物;但是,升斗小民也可以是人格上的大人物,只要具备四项风范,都是值得尊敬的大人。

工作的态度

在这世界上,很少人可以完全不工作,大部分的人,每天至少三分之一的时间在工作,也有很多人甚至视工作为生命。对守成的人来说,工作只是生计;对有抱负的人,视工作为学习;对有企图心、懂得规划者而言,工作则是理想的实现。同样是工作,什么样的态度,才能帮助我们得到更多的成长?以下四点供大家参考:

第一,建设诚实伦理的态度

一个人在社会上要能立足,最先要学习的,就是"伦理"观念。有家庭伦理,就能父慈子孝,兄友弟恭;有工作伦理,就能服从守纪、敬业乐群,这是事业成功的主因。另外,诚实的做事态度也很重要,无论长官是否在眼前,不管人前人后,恪尽职守,不开小差,才是正确的工作态度。

第二,发挥服务处事的担当

"全垒打王"王贞治刚从台湾到日本参加宇野球团,有一天,球团代表对他说:"如果以球场上的表现和对团体的贡献,你应该减薪。不过,我们决定增加你的薪水。"王贞治很讶异,球团代表接着说:"因为你非常珍惜我们的球。"原来,王贞治当时负责管球,经常把打破的球捡回宿舍,每晚花一两个钟头缝补。原意只想做好分内之事的王贞治,想不到他的主动服务和担当,赢得球团的肯定。可见,做事有热诚和担当的人,也能在小事中,创造非凡的工作价值。

第三,培养学习求教的谦虚

"尺有所短,寸有所长",尽善尽美很难,总有不足之处。因此,要永远保持学习的精神,不断追求向前,才能日有所进。在学习过程中,以真诚的心意、谦虚的态度求教,相信教导者也会受感动而倾囊相授。

第四,促进人事和谐的欢喜

我们都觉得处事容易处人难,其实,人际关系融洽,事情会更容易处理。因此,不可忽略广结善缘的重要。俗话说:"伸手不打笑脸人",我们和气待人,对方必也会以礼相待。除了外在的人事和谐,还得注意内在的欢喜。随时保有欢喜心,不仅有益自己的身心健康,也是对别人的慈悲。

我们既然花费了极大的心力、时间在工作上,除了有形、有限的报酬之外,还可以从工作中,学习到更多的智慧。

卷二 | 预备未来

凡事都要有预备,
预备就是沉潜、考虑,
做最周详的计划。

充电

飞机要航行、汽车要上路,必须先加油;手电筒、手机要使用,要不断充电。人生也要充电,肚子饿了要吃饭,太疲倦了要睡觉,都说是:"我要加油、充电一下。"除了身体上的养分要补充外,更重要的是精神上的加油、充电。有了能量、有了内涵,才能发挥生命的力量。该怎么充电呢?

第一,学习再学习

学生学习,为了取得学历,增加学力;上班族学习,为了增进专业,向上提升;企业家学习,为了经济潮流,突破现状;政治家学习,为了福利百姓,增益社会;修行人学习,更是为了自我更新、提升道业。过去,像庄子那样的大哲学家都要慨叹:"吾生也有涯,而知也无涯";而赵州禅师80岁了,还要行脚参学,我们怎么能够不学习呢?学习,让生命不断成长;学习,让视野不断扩大。不论是谁,都要珍惜有限的生命,以学习来开启更多的智能。

第二,反省再反省

一个人想要受到他人尊重,在社会上立足,在人生中踏实,就要不断地自我反省,讲求道德,讲求人格。像曾子所说"吾日三省吾身",明朝的袁了凡以"功过格"记录自己的对错得失,或是每天睡前10分钟自我反省:今天所做的对吗?所说的有理吗?增长了多少?从不断的省察当中,日日修正过失,久而久之,必定会增加道德能量。

第三,发心再发心

发心是世间最美的事,发心可以庄严自己,增长福慧;发心可以开发力量,广结善缘。你发心做事,发心服务,发心把人做好,发心口说好话,心存好心,身做好事,愈是发心,所学到的愈多,拥有愈多的力量。你发菩提心,发奉献喜舍心,开发自我的心田,必定自利利他,自他增上。

第四,慈悲再慈悲

慈是给人快乐,悲是拔人痛苦。身为人类的我们,尽管没有钱、没有地位、没有势力,但是不能没有慈悲。慈悲不是用来要求别人,慈悲是自我要牺牲奉献。当你面对各种苦难的众生,不吝于伸出双手,给人安慰、给人信心、给人因缘、给人力量,帮助别人重新站起来,那就是慈悲。在帮助别人的同时,你也不断地精进、不断地增长。

飞机、汽车加了油,就可以上路;手电筒充了电,就能够照明;电池蓄电后,又可以作各种运用;一个人充了电,就能够时时发心,散发生命的光和热。

预备未来

人生没有理想,生活会过得涣散;做事没有目标,手脚会显得忙乱;说话不经思考,出口常莽撞伤人。因此,凡事都要有预备,预备就是沉潜、考虑,做最周详的计划。"预备未来"有四点意见:

第一,做好身体的修行

俗话说:"健康就是财富",人一旦生病,做起事来往往力不从心,因此,拥有健康的身体,人生才有幸福。但是,健康不是凭空而得的,《因果十来偈》说:"长寿者慈悲中来,短命者杀生中来。"除了生活作息正常、适当运动、保持心情愉快之外,不侵犯其他生命,经常做好事,能为未来的身体铺好健康的大道。

第二,做好口舌的修行

每个人都喜欢听善言,一旦遭人恶言相向,不是嗔目切齿,就是伤心难过。人同此理,情同此心,经常站在对方的立场设想,说赞叹语、鼓励语,不但能获得人缘,更能激起对方的信心。好话不怕多说,坏话要尽量少说,英国有句谚语:"言语伤人,胜于刀伤。"说错话或是以讹传讹,常常会酿成大祸,怎能不小心谨慎呢?

第三,做好心意的修行

人之所以有烦恼,最大的原因是智慧得不到发挥,内心被浮动不安的情绪所控制。所谓"牵一发而动全身",一旦内心最脆弱的那一点被挑起,贪嗔痴三毒便随之而来,倘若不能及时制止,一切恶事将因此而生起。所以,做好心意的管理是刻不容缓的事情。EQ(情商)高,处事才能圆融;内心平静,事情才容易成就。将心胸打开,不在人我是非上计较,烦恼自然能减少。

第四,做好当下的修行

有的人理想很高,但是往往无法成就,原因就在于不能把握当下成事的机会,总是抱着"这山看着那山高"的心态,结果却是"到了那山没柴烧"。想要得到的东西太多,反而因为心有旁骛,不能活在当下,最后弄得一事无成。其实,做什么事情都可以有成就,就看我们当下是否能用心。

未来是一个遥遥无期的未知数,但是,凡事如果能有预备,希望就越能提早实现。

进步的方法

《礼记》云:"学然后知不足,教然后知困。"学习是一辈子的事,就像现代人提倡"终生学习",面对现在这么一个多元发展的时代,每个人都必须求进步,不断地自我启发、突破,才能跟得上大众的脚步。如何能够有效地学习,有以下四点方法:

第一,温故知新

新知识固然要追求,旧经验也不可忽略,经过时间的历练,经验可以作为求新、求进步的凭借。因为在学习的过程中,温故知新,会有新的体会,反刍吸收,就会有所增益。

第二,思而成慧

思想是促进人类文明的动力,因为有思想,故能开发智慧。笛卡儿说"我思,故我在",儒家讲"学而不思则罔",佛教主张"以闻思修而入三摩地"。哲学家因为思想,解释了多少宇宙问题;科学家发明了多少科技文明,都是经过思想、实验而成就;佛陀也经过苦思冥想、体验实践,才悟出宇宙人生的真理。我们的思想要启发才能够思维会意,才能成为智慧。

第三，多提问题

学问，就是要在不断地学习中提出疑问。胡适说："做学问，当在不疑处有疑"。提出疑问，努力寻求答案，当疑问获得解决，也就表示向前进步了。佛教有谓"小疑小悟、大疑大悟、不疑不悟"，在疑处求解，在不疑之处求实证，才是进步之方。

第四，正反对照

不论是治学、立身处世，都要以智慧来研究、辨别。佛法教我们透过"三法印"来印证、考察真理；乃至研究一段历史、阅读一个新闻事件等，各种错综复杂的因缘，都应该搜集各种不同的信息，探讨、对照、印证，才厘清事实真相。

人生在世，能活到老学到老，固然可以多方获取知识，但所谓"世学有漏，佛法无边；知识变易，真理常新"，能够探究真理，遨游法海，让心灵提升，享受真理的智慧与法乐，才能得到究竟的进步。

谈读书

做人要从读书开始。书读得好,人才做得好;不读书,虽然会做人,但是不够完美。所谓"人不学不知义",不读书就不能明白道理,不明白道理就不能做一个好人,所以人人要读书,这个社会、这个国家必定有所为。读书要读什么?有四点:

第一,读做一个人

当一个人被批评为"不像人"的时候,可以说是名誉扫地了。英国散文家斯蒂尔说:"读书之于心灵,犹如体育之于身体。体育保持、加强、增进着健康;读书则焕发、培养和坚定着德行。"读书能升华人格、坚定道德,所以一个人要懂得读书。倘若一个人不懂得忠孝仁爱信义和平、不懂得礼义廉耻,人道都不全,更何况是要成圣成贤呢?因此,读书最重要的就是让自己像个人。

第二,读明一点理

一个人会说话、会做事,但不一定能明理。理是规矩、法则、原则,不是你有钱,就可以恣意妄为,不是你有势力,就可以任性而为的;理是平等的、共尊的,社会况且讲"法律之前,人人平等",何况因果的法则是不变的真理,"善有善报,恶有恶报"是世间最公平的裁决。所以我们要明理，明理比能力更重要，比勤劳更重要，比一切事都更重要。

第三，读悟一点缘

宇宙间的一切都是因缘组织、聚集而成，即使再好的种子种在田里，也要有风、雨的滋润，土壤、肥料的涵养，才能开花结果。俗话说："有缘千里来相会，无缘对面不相识。"所以，佛教常鼓励人要广结善缘，一个微笑、一句赞美、一点关怀、一些祝福，都可以建立彼此的缘分，维护已经建立的关系。所谓"缘聚则成，缘灭则散"，当珍惜现前有的因缘。

第四，读懂一颗心

人心是无常的、会变动的，唯有自己才是最了解自己的人，所以我们不能只想明白别人在想什么，也要能观照自己的起心动念，才能把握好做人处世、应对进退的分寸，不致因为误会而坏了好事。人的快乐与否，常在心的一念之间，因此，要成就一个自处又能处众的人生，要了解自己的这一颗心。

社会要有秩序，公众相处要能和谐，人人应做书香人士，家家要做书香人家，成就一个书香社会、书香世界。

何谓大学

每年多少青年学子，为了要考取大学，学生焦急、家长烦心、师长忧心，连从事大学教育的教师，也为了招生、考试、录取、分发等事务忙碌不已，几乎整个社会，都为了大学入学考试动起来了。

大学，不比中学，也不比小学，所谓"大学"，不在学校土地大小、建筑是否宏伟、学生人数多少。有的大学学生很少，地方也不大，但是培养出来的人，都是相当优秀的。比方美国麻省理工学院，它不大，人也不多，不过，只要你在这所大学念过书，走到哪里，社会上的人都会对你另眼相看。

可见得，大学不在这些外在的条件。那么，到底大学的意义在哪里？以下四点参考：

第一，有大识

所谓大学，就是大人之学，它要以国际文教重镇为目标，以世界学术中心为期许。在这里学习，要有大认识、有大见识、有大格局、有大思想，以天下为家，以世界为对象，具备国际观、现代观、未来观，能担当承先启后的使命，能肩负教化大众的责任，才能培养出具有大识的器度来。

第二,有大德

到了大学读书,就已经不是小孩。进了大学,就要自我要求,自我肯定,培养自己的厚德品格,树立大形象、发下大志愿,才会从内心产生大能量,发挥一己生命的价值和意义。

第三,有大量

我读了很多书,可是心量很小;我很有知识,可是肚量很小,这还是没有大用。假如读了大学,即使学校不大,但是我的心胸广阔,地球有多大、世界有多大,都容纳在我心中;历史有多长、有多远,都收摄在我心里;世界上所有的人、一切众生,都存在我的心中,心如虚空,养成大量,将来才能做大人、做大事,这才是大学的意义。

第四,有大道

一般人开车,都希望走宽广的大道,好比在高速公路上,六线道、八线道,都要比四线道好走。人生也是一样,我们不但要开阔自己的大道、走上大道,也要成就别人的因缘,让别人行走在大道上。大道是真理,大道是光明,所谓大学,就是要走上大道。

大学是追求知识的殿堂,是传播真理的皇宫,是培养伟人的摇篮,是陶铸圣贤的道场。

它应该要具备人文思想的内涵,兼容并蓄的精神,福慧双修的理念,乃至行解并重的教育。何谓大学?以上这四点,都是我们要自我期许、自我教育的。

学问观

宋朝黄庭坚被列为"苏门四学士"之一,他有一句名言:"三日不读书,便觉语言无味,面目可憎。"古人对学问的看法如此,一般人对学问抱持的态度,又是如何呢?大略分为四种:

第一,投机的人,忽略学问

"不积跬步,无以至千里",做学问,也要付出耐心、毅力始能有成。但是有些人,略有聪明,即心高气傲,以为凭着机巧应对进退,就可以"逍遥一世之上,睥睨天地之间",不需按部就班,而忽略积累学问的功夫。其结果,犹如建屋却欠缺厚实的地基,高楼必垮。

第二,浅薄的人,轻视学问

有很多的人,由于自己受教育很少,自己没有接触到高深的学问,就轻视自己。但也有很多人自觉浅薄,因此对专家、学者、博士、教授等,可以佩服和赞叹,而觉得自愧弗如。这样的人也不必太过自卑,有时候,学问是从别人讲说、从书本、从自己做事的经验里获得,更可从自己的悟性里获得。因此,浅陋的人,不要轻视学问,更不要自卑。

第三,聪明的人,善用学问

有的人一辈子孜孜不倦埋首经卷里面,却不懂得善用书中的知识,纵使书读得再多,也仅落得"两脚书橱"名号。真正聪明的人,除了善读书,还要消化吸收别人的经验知识,转化、充实自己的学问内涵,如此才称得上有智慧的人。

第四,踏实的人,精研学问

"生也有涯,知也无涯"。人在短暂的一生当中,要获得扎实的学问,就不能只局限在年少求学时期。精研学问,必须终其一生,念兹在兹地"学"与"问"。贤如孔子,"入太庙"犹"每事问";东汉著名学者贾逵,亦有"问事不休"的雅号。他们具有"问学"的积极态度,所以能奠定丰富的"学问"修养。

人的资质虽有贤愚平庸之别,但是对于问学的态度,可以自己决定其内涵。求机巧而忽略学问,即使成功,也只是一时侥幸;轻视学问,只有越显自己浅薄;善用学问,足以培养聪明智慧;逐步踏实积累学问,假以时日,必能尝到丰盛甜美的果实。

教育的意义

曾国藩说:"以言诲人,是以善教人;以德熏人,是以善养人。"这可以说就是教育。教育是承袭前人智慧,从中获得启发;教育是长养自己的德行,从自我改变到净化社会人心风气;教育是让人增加知识,发展心理智能;教育是增加生活常识,体认世界文化。以下再分四点说明教育的意义:

第一,教育的课题在启发心智

教育的目标,是教导学子如何去发现问题,以及引导他思考问题的答案在哪里,而不是直接告诉学生问题是什么,以及问题的答案在那里。教育的目的,是启发学子的心灵宝藏,而不是将他人的思想,填鸭似地加诸在学子的记忆中。所以,教育的课题是启发学子的心智。

第二,教育的秘方在尊重学生

过去有"师严而后道尊"的教育理论,有的老师为了达到"严师出高徒"的目标,却忘记顾及学子的尊严,以打骂的方式严苛教导,以致有些学子,或因自尊受挫而自暴自弃,或在心中留下不可抹灭的阴影,或影响人格健全发展,甚至反抗叛逆等。所以,教育的秘方应以尊重学生为前导。

第三,教育的基础在生活习惯

教育的目的,是为了改善人类的生活方式,提升人类的生活质量;教育的目标,是为了增加正义道德的养成,提高人际礼仪的往来;教育的成就是让人明智达礼,提高品性道德的修养。因此,教育的基础,不在事业功名的高低,而是良好生活习惯的养成。

第四,教育的目的在完成人格

孔子主张人性本善,荀子说人性本恶论,而佛教的主张是人性有善有恶,无论人性本善、本恶,或善恶俱全,教育的目的就是要能开展人性善的本能,去除人性恶的习性。所以,教育是在开发人们与生俱有的潜能,是在培养良好和谐的性情,进而完成健全的人格。

孟子说:"饱食暖衣,逸居而无教,则近于禽兽。"人之高于禽兽,就是因为"教育"。教育能够加强是非善恶的判断、提高廉耻忠孝的情操,最重要的,教育要达到自我启发、自我教育、自觉教育的目标。

不学之弊

有一次,孔子在庭院看见迎面来的儿子伯鱼,就问他:"你学诗了吗?""还没有。"孔子说:"不学诗,无以言。"伯鱼赶紧回去学诗。又有一次,孔子问伯鱼:"学礼了吗?""还没有。"孔子说:"不学礼,无以立。"伯鱼听了,赶紧回去学礼。孔子教导学生与子女,也不外乎教他们要"勤学"。

勤学能变化人的气质,能扩大自己的心胸,升华自己的人格。反之,不知要用心学习的弊病至少有六点:

第一,好仁不好学,其弊愚

有的人心性和善,却不喜欢学习新的知识,没有警觉学习的重要,也没有具备学习的动机,这种只知道做"好人",却没有以智慧正见作为引导的善良,容易流于所谓"德之贼也"的乡愿,甚至是"愚痴"的好人。

第二,好知不好学,其弊荡

有的人好奇心强,求知欲也很旺盛,不过他只想有更多知识来巧辩,来矜夸卖弄,没有真正体会学问之道。这种没有内化为人格道德的学问,只是浮荡不实的世智辩聪之慧。

第三，好信不好学，其弊迷

有些人自认很虔诚，什么都信，什么都拜。甚至他也自认是佛教徒或是天主教徒、基督教徒，可是只要看到围一块红布的大树，画几笔朱砂的石头，就上香磕头。几十年前教育不普及，文盲甚多的年代，有这样的情形，还情有可原。在民智已开，各种宗教教育也积极推动的现代，还是迷信而不求了解，就太可惜了。

第四，好真不好学，其弊糊

有人想求真、求实，但却不用心研究真实之道，对于任何学问都只是点到为止，浅尝辄止，无法沉住气，耐心深入研究，到头来还是迷迷糊糊，没有真正的道德修养。

第五，好勇不好学，其弊乱

有的人好武，喜欢表现勇气力量，却没有体会精益求精的道理。所谓武艺的绝招，也要练得彻底了，功夫出神入化了，才能成为自己的绝招。不精练，只靠力气，纵使学得再多的招数，终究只是杂乱无章。

第六，好刚不好学，其弊狂

有的人生性刚强，原本刚强也不是坏事，因为刚强的人，其意志力也强，对于所立定的目标，较容易成就。只是如果仅凭借刚强，则容易落入狂妄。孔子说："暴虎冯河，死而无悔者，吾不与也。"

好仁、好知、好信、好真、好勇、好刚都是优点，但若不知学习，这些长处也无法发挥。不学的缺陷有六点，希望大家能警惕。

不学之患

学习,是进步、是成长。一个人只要有心上进,环境并非绝对的因素,最可怕的是本身墨守成规,不求进步,自满是阻碍进步最大的因素。人乃学而知之,并非生而知之,所以人一出生到世间上来,就要修学、受教;通过学习、教育,才能明理知义。对于不肯学习的人,有以下四患,提供参考:

第一,仁厚不好学,近愚

你做人很仁慈、很厚道,就是做人很好;但是你不好学,不好学就没有智慧,则近于愚痴。所以,心慈无智的人,纵然待人厚道,有时候不当的慈悲、厚道,还是属于愚痴的行为。

第二,聪慧不好学,近虚

一个人很聪明,但是不肯运用聪明再去进一步学习,这种聪明但不好学的人往往虚而不实。所以,有一点小聪明的人,千万不能自鸣得意,否则虚浮的聪明有时候聪明反被聪明误,甚至过分地炫耀小聪明,让人觉得虚伪,也非智者之举。

第三,诚实不好学,近害

有的人做人很诚实,老老实实、诚诚恳恳,但是他不好学;不好学则无智,因此不懂得运用诚实,不善于把握分寸,不晓得分辨利害,不知道权衡轻重,光凭着诚实,这样的人危险临身也不知道防范,所以诚实不好学,近害。

第四,勇敢不好学,近乱

有些人很勇敢,讲话勇敢,做事勇敢,但是没有学问;没有学问就容易乱来,乱说乱做,这种人不会受人尊重,也不会受人重视。所以人要好学,好学以后才能不愚痴,才能不受害。

在学习的领域里,最大的障碍便是自满,自以为是;人不能自满,不能安于现状,唯有精益求精,才能更上一层楼。

智愚之间

智者与愚者之间,要怎么分别呢?佛陀在《增一阿含经》中说:有智慧的人,对于未知之事,绝不贸然行事;对于已知且应该做的事,必然尽力去完成。反之,愚痴的人,对于明知不能行的事,偏要去做;对于已知且应该做的事,却不肯去做。所以,智愚之别,就在实践力如何了。有四点智愚之间,提供大家参考:

第一,即知即行是智者

古来将相圣贤与凡夫的差别就在于"行"。谚云:"真学问在行,若知而不行,犹弗知也。"人们求得知识的目的,就是为了生活上的实践,一个有智慧的人,如果不能知行合一,只是将已知的知识存放在大脑中,成为积累的记忆,这与不知者又有何异?所以,即知即行,才是一位智者。

第二,不知而行是庸愚

不知而行的人,等于是瞎子走路,看不到前方目标,对路况也毫无所知,执意偏行,不是很危险吗?这世间有许多邪魔外道,对世间的真理仅是一知半解,却又好为人师,所谓"一盲引众盲,相牵入火坑",这种不知而行的行为,就是愚痴。

第三,知而不行是蠢才

有一句话说:"将你所知的付诸实行愈多,你便能获得愈多的知识。"所以,知识就是生活中的"方法",如果你明知"方法"却不用,或虽然知道,但不肯做,或者顾虑太多,患得患失,因循苟且,到最后一事无成,这无异于一个蠢人。柏拉图也说:"不能运用智慧的人是一个傻子。"所以"知道了",就要去实践,否则知道得再多,没有落实,也是"如人数他宝,自无半毫分",那实在可惜了。

第四,不知不行不成才

西谚有云:"那些不知道,而又不知道自己不知道的人,是一个傻瓜,要棒喝他。"一个知识不足,又不想去求取知识的人,无法成才。因为人的知识,是从自己想要拥有中得来,如果连求知的欲望都没有,甚至连自己没有知识都不知道的话,即使别人想要帮你,那也难了。

智慧是从积聚失败、改进的经验而来,愚痴则在自以为聪明而且懒惰中养成。庄子说:"学而不能行,谓之病。"再高的才华智慧,如果不多加利用,便与庸碌凡人无异,而一个智者,不会放弃任何可以学习实践的机会,这就是为什么人的能力有上下高低的不同了。

教育的条件

佛陀为不同众生说八万四千法门,就是依不同根机的"权巧方便"教育法;孔子也因应各种资质的学生而"因材施教"。所谓"天生我才,必有用",每个人来到这个世间,必定有个天生所拥有的特长,依据个别的特质,给予开发其个别专长的方法,就是授道者的责任。以下谈谈教育的条件:

第一,要观机逗教

所谓"天下无不可教之人",我们看看世界名人爱因斯坦、贝多芬、牛顿等,不都是因为没有放弃,而有成就?所以,教育是看学子的根机而教,而不是以一个版本的方法论定。就如照顾不同季节、不同品种的花、树,如果都是用同一种方法来养植,必定失败多于成功。

第二,要解行相应

学问是学来运用在生活上的,而不是只有文字上的背诵与明了。所以,学问的成就,不在于书读了多少,而在于运用上是否纯熟,生活上实践的多寡。孔子说:"其身正,不令而行;其身不正,虽令不从",这就是解行相应的重要性,因此领导者,要能让学子从你的言行中,看到学问的应用。

第三,要去疑生信

歌德说:"随着知识的增加,怀疑也会跟着增加。"为师者,不能忽视学生的疑点,而是帮助学生从问题中寻找答案。所谓"学问之进步,在乎疑:大疑大进,小疑小进,其疑之处方成悟"。引导学子如何从疑问中产生知识,就是老师"传道、授业、解惑"的职责。

第四,要利乐有情

高科技的发达,改变人们只能听天从命的宿命观。例如台风的预知,减少人类生命财产的损失;交通电讯的发明,减少人们长途跋涉的危险,以及亲人离散音信全无的恐惧。还有计算机的发明、医药的发达等,不都是改变人类生活的学问吗?所以,教育也要能提升人类的智能,要能利乐有情。

教育就是开发能量与增进知识的渠道,一个好的教育者,能开发学子的心智,培养世间伟人,启发蒙蔽者的潜能,甚至是社会、国家安定进步的力量。教育之重要,就如引导出离黑暗的向导, 孙中山先生说:"教育有道,则天无妄生之才。"所以教育的条件有以上四点。

善为学生

"学生"也不一定指学校里面的学生,人活到老,学到老,一生可以永远是一个学生。甚至现在的长青学苑、老人学校、小区大学等,都是一种"终身学习",因此怎么样做一个学生呢?有六点意见,提供作参考:

第一,敢于发问,问出智慧

学问、学问,"学"就要"问",上课有疑问,要随时请教老师,下课有问题,也可以和同学切磋琢磨,能不耻下问,才能进步。如禅宗所说"小疑小悟、大疑大悟、不疑不悟",简单的问题,连问三个"为什么",就成为很大的学问。因此,多思考就有问题,多发问就会有智慧。

第二,长于听闻,闻出对错

经典里面"如是我闻""谛听!谛听!"就是要我们善于听闻。你会听话,要把话听懂、听全、听了有用,尤其能举一反三、触类旁通,这才是真正的会听话。听话要懂得分析,听得出哪一句是对的,哪一句话待研究。能听得出对错,就能听出学问来。

第三,善于沟通,通出共识

读书必须要有慧巧,有胜解力,不读死书,不死读书,活用所学的知识，才有意义。会做学问的人，会把各家、各派的学术，善于沟通，所谓融会贯通，自然会通出一个共同的理论来。如孔子说："参乎！吾道一以贯之。"只要用心学习，即使在众多的学说理论中，都能理出一套自己的学问来。

第四，勇于思考，考出创意

胡适说："大胆假设，小心求证"。科学家因不断假设、实验，终于发现声光电波，改变了世界。佛教里也讲"以闻思修，而入三摩地"，把自己融入真理的法海，进入般若的世界，就是要勤于思考、勤于修正，才能悟出真理来。读书也是如此，勇于思考，就会思考出很多的创意、很多的问题。

第五，受于锻炼，炼出实力

人要"用功"以奠定学识的基础，读得汗流浃背，废寝忘食，才是读书的基本精神。做学问要经得起磨炼，必须有"苦其心志""困知勉行"的毅力，晨昏早晚揣摩，春夏秋冬揣摩，若能多时地揣摩、多时地锻炼，就会把自己的实力锻炼出来，学问才能扎实。

第六，安于进修，修出道德

道德可以冒充，学识却不能作假，读书是一件辛苦而且不易的事。所谓"十载寒窗无人问"，做学问的人，要能可以安住于一处，以养深积厚的精神，勤恳进修，就能修出道德，就会健全自己。如同深山的树木，经得起岁月霜雪的熬煎，才能更高更大，才可以做栋梁！

一个有"学力"的学生，是能自我教育、自我充实。

如何进德修业

每个人都有想要追求的目标,或许是家庭幸福,或许是名利权势等等有形的条件。也有人认为,品格的提升、智慧的增长、学问的丰厚等等,这些无形的宝藏,才是更值得追求的资产。客观地说,品格提升与智慧增长,都可以通过修习学业,在日常生活中积累而成。如何有效地进德修业?在此提出四点建议:

第一,要细心,如冬天走过冰河

冬天结冰的河面,看似平坦,却是滑溜无比,走在上面若掉以轻心,难免惨遭危险,甚至有死亡之虞。只有小心谨慎、战战兢兢才能安全通过。研究学问、学习技术,细心很要紧,如果粗心大意,不仅没有效率,效果也会大打折扣。进德修业也是如此,必须仔细用心,所谓"如临深渊,如履薄冰",才能有效学习,积累智能。

第二,要谨慎,如畏惧四邻目光

所谓"君子虽处暗室,十目所视,十手所指"。这是勉励一个人,即使处在无人之处,也要端正身心、戒慎恐惧。学习也应如此,无论什么时候,都应该有大众严格的目光督促自己一般,丝毫大意不得,如此用心地工作、学习,自然容易有所成就。

第三，要庄重，如到别人家中做客

在学习的过程中，要庄重敬谨，不当游戏、不开玩笑，要以在别人家中做客一般的庄重心情，言谈、举止、风度一点都不马虎的态度来面对。如此学习不仅是知识上的功课，也能成就修养上的功夫。

第四，要敦厚，如森林朴实自然

一棵树至少需要十年的时间，才能长成大树；上百、上千的树，则要几十年，甚至百年的光阴才能蓊郁成林。学习也要像树木成长一样厚实耐烦，不要投机取巧，越次躐等，才能积累如森林一般壮观敦厚与朴实自然，也才不致空有其表，苗而不秀。

外在有形的条件，容易随着时光逝去而消失，内在无形的修养，则可以越久越淳厚。如何有效率地修习学业，让自己的内涵逐日丰实？在此提出以上四个要点，以供参考。

学习的利益

做人,活到老,学到老。人生最重要的事情,就是不断地学习,不断地进步,才能不断有成就。古人专一心志,勤于学问,就能学到许多的利益。学习的态度也非常重要,对人要谦虚,待人要有礼貌,学技能、学道德、学智慧、学处事,都要闻教则喜。怎么学习呢?以四点说明:

第一,少而学,则壮而有为

一个人在少年的时候,应该要爱惜光阴,珍惜学习的机会。隋朝末年,隋炀帝下诏度僧,年仅 13 岁的玄奘,即前往应试,并立下宏愿,要"远绍如来大法,近光佛陀遗教"。玄奘因为少年励志而学,到了壮年时即成就非凡,是中国伟大的佛学家、译经家、外交家、地理学家。

第二,壮而学,则老而不衰

人生到了壮年,不可轻言满足,或认为已经超过学习的年龄,而自我局限,不肯进步。即使在壮年的时候还是要学习,因为"生也有涯,知也无涯"。宋朝苏洵,年 27 岁才开始发奋为学,和其子同时攻读,终究成为唐宋散文大家之一。所以学习永远不嫌晚,人生需要不断学习,才不会提早被时代淘汰,被知识抛弃。

第三,老而学,则思而不休

人老了更要学。有很多的老年人倒不是因为年龄老化而被遗弃,最主要的是思想太过顽固,以有限的知识学问赶不上这个大时代。

释迦牟尼佛在娑罗双树间即将涅槃之前,年已120岁的须跋陀罗,还拖着老迈的身体前去问道,他听佛陀讲说八正道,并于当晚出家受戒,净修梵行,入夜未久,即成阿罗汉,在佛陀之前先取灭度,为老年学习思而不休,留下榜样。因此年老了还要再学习,才能和时代的脉搏一起跳动,和时代的精神吻合。

第四,思而学,则融会贯通

学习,不但是少年学、壮年学,而且时时都要学,若能不断学习,扩大学习的范围,则在技能上、学问上、道德上都会有进步。只要肯学,就能把世间法、出世间法融会贯通。如果今生肯学,不但今生能有成就,未来的生命必能增加智慧。

学习(一)

俗语说:"人不学,不知义",也有说:"活到老,学不了",意思是,人活着就是要学习。学习有好多种类,从母亲生养我们呱呱坠地以后,就要学习吃奶、学习走路、学习说话;家庭的学习不够,还要到学校学习知识、学习技能、学习才艺;工作后,要不断进修学习专业等等。其实,这些都还只是"有形"的学习,有些"无形"的学习观念,影响人际、处世的成败与否更大、更远,提供参考如下:

第一,学习认错

现在的人,不太肯认错,不知道错误,就不知道改过;不愿意认错,就不会进步。俗谚有云:"不怪自家麻绳短,只怪他人古井深。"许多人欢喜说怪其他原因,错了一件事,总要说多少的理由来维护自己。比方开会迟到了,就怪"刚好有客人来""刚好接到电话""外面下雨了""交通堵塞"……他不认为开会迟到,是自己的不对。所以,要想进步,第一要学习认错,认错才能让人接受。

第二,学习惭愧

惭愧就是羞耻心,现在许多人不知道羞耻、不知道惭愧。惭愧就是觉得对不起别人、对不起自己、对不起父母、对不起子女、对不起朋友、对不起社会、对不起国家,觉得没有尽到自己最大的责任,没有做到最好。有了惭愧心,就能"知耻近乎勇",就会勇敢、发心,觉得要对大家有所交待、有所表现、有所贡献,内心就会有力量。

第三,学习柔和

牙齿是硬的,到一个年龄就会掉光,但柔软的舌头不会,所以柔和才能长久。禅堂里禅者,你给他几个月、几年的时间参修,你问他:"你有进步吗?"他说:"我心地柔和了。"这就是进步。所谓"只从柔处不从刚",柔和是处事接物的重要方法。

第四,学习放下

人生要学习"提得起",也要"放得下",好像皮箱,该提起的时候要提起,你不用了,却不放下来,那岂不是很累吗?所以,在世界上,一般人会追求名誉、追求财富、追求感情,那是很自然,只要正当,也是值得肯定与鼓励的。但有的时候觉得太过了、疲倦了,学习放下执着,会更自在。

大半的人,都会学习向前的人生,以上四点,却可以让我们有"退一步"的思考,值得省思。

学习（二）

庄子云："吾生也有涯，而知也无涯"。我们人的生命有限，知识的大海却是广阔无边，有时穷经皓首，也不一定能遍学一切。除了追求新知、常识，时时刻刻不断自我充实外，还要掌握什么学习要点呢？以下还有四点：

第一，学习沟通

现在人与人之间往来密切，经常要谈判、要交流、要共事，沟通显得很重要。尤其，每个人有他不同的思想、不同的观念、不同的利害关系，你不沟通，当然就要吵架、有争执。沟通所以不良，大半起于"我执"，各持己见，但是，只要能留给对方一个因缘、一个机会、一个欢喜，互换立场，沟通也不见得困难。沟通以后，所谓"方便有多门，归元无二路""条条大路通罗马"，尽管路线不同，思想不同，就能够为双方创造"双赢"。

第二，学习感动

感动，是我为你、你为我，是人间最美的互动交流。别人做好事，我要感动，别人对我好，我要感动；别人给我感动，我自己做事，也要给人感动。例如，我能说多少好话给人鼓励、给人信心？我能做多少好事给人帮助,给人慈悲?假如,别人的好心好事,自己不能感动,自己所做的一切,也不给人感动,那么这个人的缺陷就大了;如果人间没有感动,就失去了人生的意义。所以,我们要学习有感动的人生,感动的世界很美丽。

第三,学习灵巧

有的人食而不化、执着呆板,参禅学道,他就不能灵巧,不容易悟道。灵巧是一种融会贯通,是一种灵动运用,有人说我天生羞涩,不懂灵巧,其实,它还是可以学习的。只要注意聆听、注意揣摩、用心思维事情的来龙去脉、前因后果,久而久之,熟练了,自然就灵巧。倘若你不注意听,做事漫不经心,自以为是老大,总是"我以为、我认为……",那么就永远学不会。因此,要想悟道,要学习灵巧。

第四,学习提起

人生不能因为一时的挫折而萎靡不振,你要奋起振作,要发挥力量。好比我能挑重多少、我能负责什么、我能担当什么,心中要提起正念,为国家、为社会、为人民,做好事、说好话、存好心,这就是学习提起。参禅悟道,要提起正念;做人做事,要提起正念,有了正念,就有提起的力量,有了力量,何事不能办?

人生要学习的面向很多、很大、很广,除了技术性、知识性外,可以学习沟通、感动、灵巧、提起,这对我们会有很大的用处。

如何开发智慧

人生各方面的资源都要靠开发,才会愈来愈大、愈来愈多。业务要开发才能壮大,财源要开发才能广进,人际关系要开发,才能人脉丰沛。智慧当然也要开发,人生才会精彩且有意义。如何开发智慧?有四点意见贡献给各位:

第一,无欲则心清

一个人的欲望太过强烈,他的心地就不会清明。天上的乌云太厚了,就看不见天;要云淡风清时,才能看到万里蓝天。欲望就如同天空的乌云,欲望太强,心眼就被蒙蔽,看不清一切事物;欲望愈淡,心地才能愈清明。河中的水太浑浊了,就看不到鱼虾;如果水清见底,才能见到河中的生物。欲望就如同水中的淤泥,欲望少了,清朗的本性才能浮现。

第二,心清则识朗

一个人心里清净,他的真识、本性就会朗如晴空。佛教讲八识:眼、耳、鼻、舌、身、心、末那识、阿赖耶识,识有分别、了知、执取的作用,凡夫以"识"来计较分别世间所有事物的好和不好,受识的主宰而对一切因缘起憎爱执着。如果你的心愈清明,识就愈清朗,愈不会随习性而盲目反应,愈能看清宇宙人生。

第三,识朗则理见

能够清楚知道我们对于世间的爱憎贪厌、喜恶好怒都是"识"的作用,就可以彻底明了世间万法都是因缘和合,并没有特别值得你去憎恶的事,也没有特别值得你去贪恋执着的人物,不会因爱起贪,因恶起嗔,因顺境起慢,因逆境起忿,自能过理性且清明的生活。

第四,理见则智明

因此,修行人要设法转"识"成"智",转眼、耳、鼻、舌、身等前五识为成所作智,让我们所作所为均是为众生行善;转第六识为妙观察智,善于观察诸法实相;转第七末那识为平等性智,观一切有情悉皆平等;转阿赖耶识为大圆镜智,得离一切虚妄分别。能够确实转识成智,就已经达到了智慧朗现的解脱境界。

每一个人的智慧都能得到开发,端看方法得当与否。在此提出循序渐进开发智慧的方法,供大家参考。

读书之利

过去社会提倡"书香世家",以"书香"传给下一代,今天要提升国家社会的力量,更要建设一个书香社会。放眼国际,凡是文明的国家,人民百姓大多都是好读书者,在公交车里、火车上,常见人手一书。因此我们不要只是"向钱看",比金钱物质更有价值的东西,就是读书。读书之利,可归纳为四点:

第一,知识的获得

"玉不琢不成器,人不学不知义。"不读书,容易流于浅知浅见、愚昧不懂;不读书,思想就会停滞不前,难以提升。而思想要开通,只有靠读书加强,吸取书中的精髓,扩充见识,增加智慧。尤其书中的思想、经验,许多都是作者毕生的体验,我们在短短的时间内,就可以获得,岂不令人快乐?如果不肯读书,无异放弃了世界上最可贵的财富。

第二,信心的增进

所谓"欲穷千里目,更上一层楼",人生要更上一楼,读书就是阶梯。你每读一本书,就像向上爬一层阶梯,不断扩展我们的视野,增加知识的力量。西方哲学家笛卡儿说:"读一本好书,就是与许多高尚的人谈话。"不断地获得这些好书的"法财",自我的信心会增进,生命的高度会提升。

第三,用世的工具

你会读书,读书就会成为用世的工具。所谓"隔行如隔山",无论任何行业专员、机关科员,或是农工商人,都必须具备基本的专业知识。有了知识,可以化腐朽为神奇,有了知识,可以转不可能为可能。例如利用厨余垃圾,可以增加农业生产质量;发明航天飞机,人类可以翱翔外层空间,举凡人类的进步,都缘于知识的发挥。因此,要如何用世?唯有读书。

第四,快乐的泉源

有的人认为有钱财就会幸福,有的人认为有名位就会快乐。这是真实的快乐吗?其实是很虚浮的,唯有读书可以获得内在的快乐。有语云:"风檐展书读,古道照颜色。"又说:"好鸟枝头亦朋友,落花水面皆文章;蹉跎莫遣韶光老,人生唯有读书好;读书之乐乐何如?绿满窗前草不除。"从书里,可获得接心的欢喜;从书里,有着快乐满足的泉源。

如同每日必须吃饭一样,把读书养成习惯,可以长养我们的智慧,变化我们的气质,开阔人生的层面,提升生命的内涵。

读书的利益

读书,不光是阅读书本,凡是读人、读事、读理、读社会,都是读书。读书,使人普受尊敬,受到尊崇;读书,也能获得人缘,给人欣赏。读书,并非呆板地死读书,而是融入人生,恰如其分地处理人与人之间的关系,并普遍用于一切生活之间。

以我的经验来说,读书,可从文学书籍开始读起,也不一定用眼睛看,不一定用语言说,你可以用耳朵听。例如听掌故、听历史、听好人好事,读书,要会听,产生好奇,心中自然向往趋之。就像我识字,是从不会念字的母亲处学来的;我教书,是从不会教书的老师那里学来的。进一步,读历史之书,如《资治通鉴》《古文观止》《传记文学》等,因为历史好比一面镜子,可让我们了解人生的去向。

然后,再来深入佛学,研究《大智度论》《六祖坛经》《维摩诘经》等经典,就能让我们全面拥有一个佛学的人生。读书的利益甚多,具体有下列四点:

第一,读书,能树立形象

一般人依靠化妆来装扮自己,或以名牌来炫耀自己,做个名牌人,我则认为大家应学习做个读书人,以读书、写作来树立自己名牌的形象,重视人格的尊贵,超越富贵与名利。

第二,读书,能变化气质

气质使一个人显得态度优雅,雍容华贵,读书则会改变一个人的气质,令一个人具足修养。台湾"暨南大学"教授李家同曾说:"一个国家若不增加教育经费,将来经费就会用在监狱方面。"可见,教育能增加道德人格的尊严。借此通过推广读书,希望每一个人都能拥有书香人生,建立书香家庭、书香社会、书香台湾、书香世界。

第三,读书,能认识自己

人有两只眼睛,能看别人,却看不到自己。我们读书,因为书中有理,有婉转曲折的学问,读书能明心见性。读书犹如禅师,能认识自己,认识人生,认识你我他,认识世界。

第四,读书,能增广时空

读书,能让人扩大自己的世界,增广时空。从读书中,可以知道上下古今数千年的历史,人类的进化,甚至未来的世界。历史是生命,在无限的时空里,读书让我们得到前车之鉴。读书也能让大家知道未来,使我们有限的生命得到延长,扩大我们的时空。古人常强调"立功、立言、立德",也就是重视功德、言论与成就的寿命。读书,能使人们增加空间,书中的世界天地,宽广浩大,一本旅游杂志,带领我们遨游天下;一本天文地理书,让我们知道星际宇宙五大洲。

我坚持办设佛教学院,主要目的就是让大家来读书;集合百万人心血来创办大学,也是号召大家多读书。读书,可增加自己的寿命。我积极倡导读书会,因成就、心愿都是由读书而来。这四点读书的利益,值得我们身心投入。

读书的诀窍

读书不是为了文凭,而是为了学习。或许有人会问,学那么多科目做什么?其实每一种学科,都在培养一种观念和素质,例如研究法律,懂得人权;研究经济,了解供需;学数学,可以精确计算;读文学,可以美化心灵;读历史,能够贯通古今;读地理,能够开阔视野……如果都不学就是无知了。由此可知,读书很重要。读书的诀窍有:

第一,以融会贯通为主旨

读书不求甚解,囫囵吞枣,读了等于没读。清朝左宗棠教儿子读书要用心体会,一字求一字下落,一句求一句道理,一事求一事原委,虚字审其神气,实字测其义理,自然能渐有所悟。读到好书、有用的书,要认真钻研,以理解代替死背;真正了解,对自己才有帮助。

第二,以方法技巧为辅佐

读书除了眼到、口到、心到之外,也要有方法,才能有效率。例如课堂上做笔记,课后还要重新整理,找相关资料补充、注解,甚至做表解,这都是做学问的基本功夫。此外,读过的书,经过分析,可以知道文章的脉络;通过演绎,懂得作者的思维,其他如综合、归纳等,也都是有效读书的方法。

第三,以勤恳熟读为功效

所谓"勤能补拙",只要不怕辛劳,必定有所成就。清代著名学者阎若璩,虽然天生口吃又迟钝,但是他勤恳熟读,熟背文章,常常思索文义,即使寒冬之夜,仍于案前勤读、苦思。十年后,有一天恍然大悟,变得聪颖异常。他还以"一物不知,以为深耻"自勉,终成饱学鸿儒。

第四,以细心运用为实际

读书要能实际运用,才不枉费辛劳。平时多读多看,并常写心得,多背佳句,跟别人讲话,就能言辞有内容,不会空乏枯燥。读书,最主要是学做人处事,例如明白古训的孝悌礼义精神,落实在生活中,就能使家庭幸福、朋友和睦、社会和谐。

如果一个人拿了博士学位,却不懂得生活,不通人情,不算是会读书。真正会读书的人,是能读熟"人事",读懂"生命",读通"生活"。

读书的乐趣

读书,除了吸取前人的知识与历史的经验外,也能增添自身的知识与涵养。懂得读书的人,能读出"书中自有黄金屋,书中自有颜如玉"的味道,知道浸淫在"读书之乐乐何如?绿满窗前草不除"的乐趣。如何是读书的乐趣呢?以下四点:

第一,遨游天下世界

"秀才不出门,能知天下事",你博览群书,可以增加自己不同领域的深度、广度与厚度。一本地理书,收集世界森罗万象、人文风情;一本历史书,罗列前人思想精髓、功勋伟业。握有一本书,就像拥有大千世界,随手展卷,天地宇宙就能任我遨游,这岂不是人生一大乐事!

第二,接触过去未来

文字的出现,记录了文明及圣贤的智慧,让人类知古鉴今,展望未来。像佛教经典的成立,是佛弟子将佛陀的教法通过文字记录,集成三藏十二部,让佛法得以流传,众生对未来有了希望,有了解脱的指月标。通过读书,我们能知道过去、探索未来。

第三,体会哲理妙味

《菜根谭》云:"读书不见圣贤,如铅椠佣",阅读书籍,若洞察不到古人圣贤的思想内涵,那也只是文字的生吞活剥,所以佛教说"闻思修入三摩地",要体会妙义,才能真正受益。王佐良翻译的《论读书》中提到:"读书足以怡情,足以博彩,足以长才。"能把自己所学的知识,与今日世界、现实人生、自然万象贯通,运用于生活、人生,才真是领略读书的三昧!

第四,增加心意升华

所谓"腹有诗书气自华",书能使我们的心意升华,找到生命盎然的泉源。所以古人说:"士大夫三日不读书,则理义不交于胸中,便觉面目可憎,语言无味。"通过书本作者的知识、人生体验,我们得以汲取精华,增长见识,启迪智能,颐养性灵。

《颜氏家训·勉学篇》说:"积财千万,无过读书。"因为开卷有益,开卷有乐趣,尤其会读书、读好书,才能领略读书之益,读书之乐。

学生学什么

每个人一出生,就开始学习,婴儿时学吃奶,再大一点学走路,到了学龄前,就从幼儿园、小学、初中、高中、大学本科到研究生,一直都是在学校学习。读书上学,当然学愈多愈好,甚至走上社会、成家立业、职场上班,还是有许多专业训练课程要学习;无论在哪里,无论老少,学习是终身的,都可以称作学生。到底学生要学什么?有四点意见:

第一,学做人的道理

有语云:"人不学不知义",古人从《三字经》、四书、五经开始读起,就是先学习做人的道理,它教你从洒扫、应对、进退,再到三纲五常、四维八德、服务社会、与人和谐等等。学会了做人道理,懂得处世,能够知理知事,知人知情,才能在社会立足,对家庭、同侪、社会有所贡献,否则不明白做人的道理,读再多也是枉然。

第二,学习明白善恶

人在世间,至少要明白是非、善恶、好坏,要有所分别。是的、善的、好的要接受,非的、坏的、不善的就要去除。你假如善恶不分、是非不分、好坏不分,那就成了"乡愿"了。甚至在世间不行善而作恶,这种负面的人生,到最后会被大众厌恶、淘汰。因此,学习明白善恶,是人生重要的大事。

第三,学习生活技能

学很多道理,满腹经纶固然很好,但如果满口仁义道德,却不能实践,在生活上就派不上用场。因此不能空口说白话,必须学习一些生活上的技能。例如打计算机、基本的烹饪、水电技能等,哪怕是开出租车、做个小店员,总有一技之长,会做一些事情,用自己的能力、时间,赚取自己的所得,养家糊口,就不会是负面的人生了。

第四,学习圣人之道

学习要有目标,没有目标,怎么学都学不会。既然有心要学,就不能学凡夫,整日只为贪嗔愚痴、嫉妒嗔恨,生活在困扰、烦恼中。要学,就要学圣人,他不为小事计较,他有"先天下之忧而忧,后天下之乐而乐""但愿众生得离苦,不为自己求安乐"的胸襟,凡事以大众为先,以大方向着眼,这种伟大的情操,是我们的榜样。人人能学习做圣人,世间会愈来愈美好。

人生不能只是浮生若梦一般,不切实际。要能为自己的人生做最好规划,以上四点,上至圣人之道,下至做人处世之道、基本生活技能,这些不只是学生要学习,也是我们终生所要具备的。

怎样读书

许多人忧心挂念现在的台湾社会风气,为什么?毒品充斥、色情泛滥、暴力横行,烟、酒、财、色到处蛊惑人心。虽然如此,近年来还有一件好事,就是各种读书会、社区大学的设立。只要看书的人、买书的人多,出版界不断出书,读书的人口不断增加,社会还是有希望的。到底应该怎样读书呢?有四点意见提供:

第一,有道之书尽读

书,有好、有坏,其中,有道之书不妨尽读。例如所谓"半部论语治天下",读了《论语》,治理天下之道,皆在其中矣;读《资治通鉴》,可以知古今兴替;读《二十四史》,可以见证天下兴亡的因果关系;读佛教"三藏十二部"圣典,可以体会宇宙人生的真理。所以,有道之书要尽读。如同台湾高希均教授呼吁:"读一流书,做一流人,建设一流的事业。"读有道之书,能让我们成为有思想、有智慧,懂得分析事理、判断是非善恶的人。

第二,明事之书多读

语云:"化当世,若莫口;传来世,无如书。"读明事之书,可以增加知识,开展思想,可以提供建言,贡献智慧;读明事之书,思想会精致,分析有内涵。例如读科学、哲理之书,让我们开阔眼界,与世界接轨,与哲人相应。因此,明事之书不妨多读,让知识成为人生的动力。

第三,闲杂之书少读

读书就像交朋友,所谓"近朱者赤,近墨者黑",择交良朋,终身受益,结交损友,一败涂地,所以要慎重选择。不正派的书籍,题材诱人犯罪、消耗心灵能量;道听途说、搬弄是非的书报杂志,不实的内容,腐蚀人心,对思想、灵魂没有一点帮助,这种闲杂之书还是少读。

第四,邪妄之书不读

现今的宗教界,有不少邪妄的信仰。例如有些邪教教人集体自杀,以获得拯救,或是以奇装异服,魔术变化,骗人耳目;这好比"一盲引众盲,相牵入火坑",可见邪教的可怕。邪妄之书也是一样,它让我们陷入妄想、执着的泥淖里不得自拔,因此我们不可读邪妄之书。

读书,可以改变气质;读书,可以明白做人处世的道理。但是,坏书要禁读,好书要多读;有的书要熟读,有的书不可读。真正读书的人,要会选择:择时、择地、择师、择书,这是重要的开始。

知识的运用

中国传统社会相当重视有知识的人。为人父母者,再怎么辛苦,也会想办法让儿女读书,因为"万般皆下品,唯有读书高"的观念,一直被中国人奉为圭臬。知识分子很受人尊重,我们每一个人也都想拥有知识,各种学科又是如何运用知识的呢?

第一,数学以逻辑来运用知识

要会数学,就要懂得数字的法则,例如一加一是二,一加二是三。数量、形状、重量的计算,包括算术、代数、几何、三角、解析几何、微分、积分等,其中都有一个不变的原则。所以,数学是以法则逻辑来运用知识。

第二,哲学以思维来运用知识

要活用哲学的思维,就要有思想,懂得以理智去探讨、思索宇宙间万事万物的最高原理。生命从何处来?死往何处去?人生的意义是什么?宇宙万有的起源为何?如果能善用哲学的思维,就可以运用知识。

第三,科学以分析来运用知识

应用科学要有科学的精神。学科学就是要懂得分析,一个人在平常生活,要懂得分析事理轻重;运用金钱时,要懂得量入为出;交朋友的时候,也要懂得把握朋友之间往来的标准。如果做人处世不懂得分析,即使科学知识再丰富,也称不上会运用科学。

第四,佛学以悟道来运用知识

研究佛学有什么用?佛学有大用,因为研究佛学,会让我们对道、对真理有精确的认识。悟道之后,我们看世间会跟别人不一样。比方说未悟道前,看到一间房子,它只是房子;看到一张桌子、一扇窗户,也只是桌子、窗子。可是悟道之后,桌子不是桌子,窗子不是窗子,我们会看到它是许多因缘聚合而成,会了解世间的事物,都是因缘所成。所以说:佛学是用悟道来运用知识。

读书和做人

人一生当中，读书是一个重要的过程，而做人则是一生的事业。在这世间，会读书的人，不一定会做人，会做人的人，也不一定会读书，如何读书和做人，以下提供四点意见：

第一，会读书不如会读人

会读一本书，不如会读一个人，读一个有智慧的人，读一个有道德的人，读一个有慈悲的人。每一个人都是一卷书，假如你懂得去读他，好比音乐"宫、商、角、徵、羽"各调不同，每一个人也各都有其特色。你把这一个人读懂了、认识了，就可以见贤思齐，以为榜样。所以，与其死读书，不如读懂一个人，就会有很大的进步。

第二，会读人不如会识人

你读懂了一个人后，对他钦佩、对他景仰，不如要会识人。识人，可以识很多种人。你认识很多的人，就不是只读一个人，谁是善人，谁是恶人，谁是好人，谁是坏人，能把人分成多种，人的善恶、是非、好坏、智愚等，都分得很清楚，这就表示你是个很有智慧的人。

第三，会识人不如会做人

我们有能力认识很多人，但光认识是不够的，不如会做人。所谓,上等人会做人、做事、读书,三者皆会;中等人会做事、会读书,不善做人;下等人仅会读书,不会做事,又不会做人,那么在人间讨生活,就很辛苦了。如果我们会做人,慈悲、谦虚、和蔼、明理,处处与人为善,缘分一定很好,才是真正的人。假如你不会做人,傲慢、忘恩负义、自私自利,霸道官僚,到处与人结仇,在现今这个人与人往来密切的社会,只能算半个人或四分之一个人,甚至不像个人,你想做任何事情,都会很难成就。所以,我们要会做人,做个有慈悲、有智慧的人。

第四,会做人不如会用人

除了自己做人好,这些还是不够,最重要的是要能"用人",并且还要用心教人。因为会做人,只是自我要求、独善其身,最多仅能获得人家的尊崇而已。但假如你会用人、会教人、能知人善任、提拔人才,就能兼善天下,让更多的人受我所用,受我所教,受我提拔,取彼之所长,即使是"废铁"一样无用的人,也能锻炼成为"钢材",发挥大用;而尽管自己无用,由于你能善于用人,一样可以利济众生、造福社会。所以说,会做人不如会用人。

从读书、读人、识人、做人到用人,是一层一层的个人用功,也是一门"人学"。唐太宗因了解他的大臣,让他们各尽其能,因此打下大唐盛世的天下;反观唐玄宗,因为"裙带关系"重用杨国忠,几乎失去半壁江山。所以,读书与做人是一生的事业,我们应该好好地经营。

学习要点

人从一出生,就要学习生存的能力,吃奶、学爬、走路;长大后要读书、学技能、学生活,乃至毕业后要学做事、要有一技之长,懂得人情义理,才能立足社会。那么学习的要点在哪里?有四点看法:

第一,会意灵巧能主动

无论什么事情,不能闻一知十,至少也要能会意通达,懂得举一反三。灵巧有时候虽然是与生俱来的,但有时候也可以靠后天用心学习,比方注意聆听、用心揣摩,就能从中得到经验、方法。尤其贵能主动积极、主动帮忙,凡事要人喊、要人教,做事漫不经心,自以为是老大,总是"我以为、我认为……"那就什么都学不会了。

第二,诚恳反应有表情

人是有感情的群体,遇事有反应是很自然的现象,对人讲话、做事,要诚恳、要有反应。别人欢喜的时候应该跟着一起欢喜,该赞美人的时候就要随喜赞美。好比一颗石子投到水里,也会"咚"一声;就是对山喊一下,山也会回应你"啊"一声,否则人家热情跟你讲了多少话,你一点反应都没有,甚至也没有一点表情,谁会欢喜呢？因此，做人处事要诚恳、有反应、有表情，才是得体。

第三，说话笑容要慈悲

人类是群居的动物，在社会上不能不跟人说话、交流，不但要跟人说话，还要让人家感觉到我们释放的善意、慈悲、友爱与尊重。微笑代表友善与沟通，能够化解愤怒、缓和急躁，只要你肯给人一点笑容，做个"微笑弥勒"，就是对人间最好的布施，也是最好的供养，别人也会乐意和你结缘、往来。

第四，思维活泼成自然

智慧的启发要靠思维，一个人日常应该要训练自己的思想，宇宙跟我是怎样的关系？人生是如何去来？做事情该怎么给人方便、给人协助，慢慢就会思有所成。所谓"闻思修入三摩地"，思考活泼、正向、有变化、有弹性空间，自然做事也容易成功。因此，思想不要刻板、负面或钻牛角尖，落入死胡同里，只有自己辛苦，也得不到他人的肯定。

人生要学习的面向很多、很广，除了技术性、知识性外，更重要的，还可以学习沟通、灵巧、慈悲、诚恳，这些对我们生命历程都有很大的帮助。

道德教育

一个人有钱,人家不一定认为你就是好人;一个人有势力,人家也不一定认为你就是好人;反而一个人有道德,人家就会说这就是好人。过去幽王、纣王是君主,人家都说他是坏人,为什么?因为他没有道德;伯夷、叔齐饿死在首阳山,人家却说他是君子,为什么?因为他有道德。所以做人要受道德教育,有四点:

第一,诚实的道德教育

孔子云:"人而无信,不知其可也。"一个人没有信用就会被人轻视,做任何事都得不到助缘,当然也就难以有所成就,因此做人要讲信用,无害于人,不侵犯别人。这个时代是讲究诚信的时代,企业对员工要诚信,才能提升员工的工作效率;员工也要对公司有诚信,才能获得上司的肯定;老师对学生要诚信,才堪作人天师范;学生对老师也要有诚信,才能真正领受师长的教诲。

第二,慈悲的道德教育

冲突与暴力来自于内心的猜疑和不满,和平与和谐来自于慈悲心的营造。有慈悲心才能无往而不利,有慈悲心就没有敌人,有慈悲心到处都会受人欢迎,所以慈悲的道德教育很重要。慈悲心要从小培养起,如果小时候有欺负小动物的习惯,将来长大也难保不会有欺负人的倾向,因此从小就要教育孩子爱惜生命、爱护动物。

第三,守正的道德教育

社会上的组织有正派、邪派之分,信仰上也有正信和邪信之别,无论如何做人都要正派,不管你身居士农工商那一种行业,都要能奉行正道。做一个正派的商人、正派的工人、正派的军人、正派的企业家、正派的教育家。这个世间是以正为本,行要正、做要正,有正念,人格修养自然能够升华。

第四,善行的道德教育

所谓"坐而言不如起而行",人除了要有道德观念,比如心想我要做一个好人,我除了不乱说、不乱做以外,最重要的是要能付诸实践,成为行动,如遇到恶人时能以慈悲对待,行事能以诚实作为互动原则、以正派对治谄曲、以勇敢对治怯弱,仗义直言,扶弱为正。萤火虫振翅,才能发出光芒,田地经常翻动,才能促进植物生长,人要付出行动,才能有好的未来。

道德是做人的根本。一个奉行道德的人,必定不侵犯人;一个有道德修养的人,凡事都能为别人着想,希望大家可以奉行以上四种道德教育。

成为善友

人在世间上,不能单独生存,俗话说:"在家靠父母,出门靠朋友。"什么样的人才能做朋友呢?所谓"友直、友谅、友多闻"。朋友之间要耿直真诚,要能相互谅解,要互通知识、要理念相投,还要能雪中送炭,这才是善友。人人希望结交到善友,自己同样也要成为别人的善友。该怎样做呢?有以下五点意见:

第一,喜乐要同时

所谓"独乐乐不如众乐乐",一个人才气再高,如果不懂得平时广结善缘,遇到欢喜之事,想要找个能畅所欲言、畅怀而谈的、懂得你的朋友也不容易。东晋王羲之是个广结善缘之人,时常与一群雅士,共同到城外的兰亭雅集流觞赋诗,他说:"一觞一饮,亦足以畅叙幽情。"

第二,事业要共成

做一个善友,不但要患难与共、富贵同享,最好在事业上也要能共同发展。现代先进的国家讲究彼此集中力量,这样既可节省社会资源,又可以增加人力、物力,如果彼此有共同的信念,要为社会人群尽心力,事业本身就可以养成许多人才,甚至可以成为跨国的大企业。

第三，过失要互劝

"人非圣贤，孰能无过"，所以要"知过能改"，自然"善莫大焉"。能互相劝谏，互相规正，这才是所谓的"善友"。有菩萨性格之人，虽遇不善之友，也能转化他成为善友，这需要强大的恒心毅力加上善巧方便的智慧。其次则是尽本身之力的寻求善友，并以相对的诚心共往来。如果发现对方有缺失，也应在适当时机给予劝导。反之，本身有过，对方诚心相劝，则要打开心扉欢喜地接受并快速地改进。

第四，苦难要相助

孙中山过去在英国伦敦落难被捕，幸得善友贺维女士和柯尔先生将此讯息转告了他的老师康德黎先生，才得以获救。从这件事可以看出孙中山平时必然是恭敬师长、诚信待人，才能在灾难中化险为夷。

第五，贫贱不离弃

具有"品德学问"的朋友，他本身就是我们人生旅途上重要的资源，可以提升我们生命内涵，是一种另类的财富，这种财富比金钱上的财富更加可贵。有形的财富容易消失，友情的财富陈久弥香。但是想要保有这珍贵的友谊之财，尤其在他贫贱之时，更需要加以维护、提携。

良师与益友

益友就像良师,良师也可以成为益友。这种思想,比较可以活络彼此间的关系,同时又能保有相当的尊重,是一种很有活力的想法。

在过去的世代,父母是天,子女是地;师长是天,学生是地。无论关系如何密切,总还是天地之间,遥远的距离。唯有在佛门传统之中,有所谓"三分师徒,七分道友"的认知,这是民主与平等的一种思想。这种思想,使得佛门伦理,更加鲜活,更加有生命力。关于"良师与益友",有四点意见提供如下:

第一,他挫折时,我要给他勇气

人生不如意事十之八九,"苦难"与"挫折"原本可以用来提升我们生命层次,也是可以让心灵更加净化的一种过程,但是倘若"无法"或"不愿"接受,那就成了真正的苦难了。所谓"当局者迷、旁观者清",这时候身为朋友之人,要伸出援手,像"施无畏"的观世音菩萨那样,有求必应,帮助他渡过内心的困境。等他"走出来"或"走过来",再回头看看,他自然容易发现,"挫折"反而成了新的力量。

第二,他沮丧时,我要给他信心

沮丧之时,人皆有之,朋友懊恼、泄气、不振作、心灰意懒的时候,正是发挥可贵友谊的时候。要想办法激发他的信心,提醒他原有信念。因为"信心就是力量,信念就是方向"。今日他靠你行走,他日或许你还要依靠他飞翔。

第三,他迷惘时,我要给他指引

郑板桥的名句:"聪明难,糊涂难,由聪明而转入糊涂更难。"这是大智之人睁一只眼、闭一只眼来体谅世间人的无知,此所谓"难得糊涂"也。

然而迷惘并非"糊涂",更非"难得糊涂",而是真正失却了生命的方向。这时候可以导他以正信的宗教,以宗教智慧的明灯来为他照亮前途,也可以古圣先贤之言来为他指点迷津,等到拨云见月之时,必然是"柳暗花明又一村"的光景。

第四,他愚痴时,我要给他智慧

"愚痴"二字并非指"不聪明",而是指执着于某人、某事,或是某一种的理论与信念而不得开解,在佛经当中甚至将"世智辩聪"列入"八难"之一。世间人"聪明反被聪明误"的例子不胜枚举,尤其是自命聪明之人,很容易自己画地为牢,或为自己圈入框框,最后自己却找不到出路,这就是一种愚痴,这个时候要给他智慧。

聪明与智慧如何分辨?聪明者,领悟力强,反应快速,但如果将这种聪明用来为一己之私,往往自缚手脚,如果将这种聪明用在利他之事上面,那就是一种智慧之举。凡事能思利他者,慈悲之心令人感动,而且招感许多善缘好运。

交到良师益友可以提升自我,开拓人生。做个良师益友,会在朋友当中得到知交,彼此相互提携,安慰鼓励;甚至夫妻之间如能建立良师益友的关系,家庭会有更多的和谐与成长。

良师益友

在人生旅程中,除了积累经验以增长智慧外,良师益友的提携,也是我们成功的关键。常言道:"相交满天下,知心有几人。"在左右亲朋之间,谁是良师益友呢?像菩萨般关怀我们,给我们奋发向上的勇气;在心情沮丧时,激发我们的信心,或者遇到困惑不解时,可以彼此讨论,找出方向的人,都是我们的良师益友。

以下四点,提供给大家参考:

第一,正确指导我们的是老师

"师者,传道、授业、解惑也。"身边的朋友、同事,能正确告诉我们这个应该怎样,那个应该如何,常常喜欢教导、纠正、指责我们的,要当作是值得尊敬的老师,因为他肯花心思指导我们,所以应该感谢他,视他为老师。

第二,适中赞扬我们的是朋友

明朝大臣史可法曾说:"君子能扶人之危,周人之急。且能不自夸,则益善矣。"朋友相处,最难能可贵的是适当地支持,适时地给予鼓励、赞美,甚至在赞美之中,也有开示,也有教导,这种关心,是爱护的表现,应该把他当作好朋友。

第三，谄媚奉承我们的是敌人

经常谄媚奉承的人，就不是朋友。在《佛说孛经》里说，朋友有四种，其中"如花"的朋友，是当我们美丽如花时，他会欢喜戴在头上，萎谢了就随意丢到地上；"如秤"的朋友，则是当我们地位高了，他就低下来，地位低了，他这个秤就翘上去。像这种如秤如花的朋友，时而卑躬屈膝、阿谀奉承，时而趾高气扬、见利忘义，就好像敌人一般不可靠。真正的朋友，应该如山如地，可以普载我们，可以让我们聚集和依靠。

第四，关心帮助我们的是恩人

在朋友当中，常常关心我们，帮助我们，无论是知识上的帮助、技术上的帮助、智慧上的帮助，还是理法上给予我们帮助的，都是恩人，我们都应该感谢他。在我们需要时，伸出关心、温暖的那双手，往往会让我们感激一辈子。

谁是朋友？谁是"敌人"？端看他平日与人相处的动机，就可以辨识出来。

交友的"药方"

朋友相处,双方都有要尽的责任。恶事要规劝,并且规范不再犯错;生病时要探视照顾;知道隐私也要紧守秘密;互敬互重,互相赞叹,不记怨,不断往来;贫相济,难相助,不相毁谤等,都是做人朋友应尽的义务。朋友的相处,难免会有些摩擦,好比机器磨损了,想办法修理就好了;身体有病了,用对药方也就能痊愈。朋友之间,也有十剂药方:

第一,好心一片

交朋友不可有企图心或不好的心,必须出自本心、真诚心、善心、好心与人交往。

第二,忍耐一时

好朋友发生口角是难免的,纵有一些误会、一些差错,一时的忍耐很重要;忍过了、包容了,就能够雨过天晴。

第三,布施五钱

君子之交淡如水,但是对朋友也该有些布施,如布施好话、布施鼓励,或布施一些金钱,为他解决困难等等。

第四,感谢万分

不要以为彼此熟识,不必言谢。朋友相处仍要存感谢之心,感谢对方的指导提携、感谢对方的鼎力帮助;感恩、感动的情怀,是友谊坚固恒久不可或缺的润滑剂。

第五,恭敬十成

尊重他人的同时,也会受到对方的尊重。即使是朋友,也要互相恭敬、尊重,如此,往来才容易顺畅。

第六,爱语三句

许多人以为朋友之间,不必讲什么好话,其实该讲的话,还是要表达出来,如朋友有成就,欢喜地为他喝彩;朋友做了好事,欢喜地给予赞叹;朋友受到挫折,心情沮丧,真心地说几句关怀的话。

第七,慈悲全用

对人慈悲、理性、耐烦,都是美德。对朋友慈悲,更是训练自己的容忍力;有情有义的慈悲,才能培养真正的友谊。

第八,信用始终

对朋友要全始全终地讲信用。平时相处、来往,如果不守时、不守信用,是交不到好朋友的。

第九,体谅一点

体谅是最美的释怀,因此朋友之间要互相信赖、互相宽容、互相体谅,有一点体谅,就可以保持一点情谊。

第十,方便不拘

对待朋友,更不能摆架子,常常在他需要时给他方便,助他一臂之力,也是当朋友应有的态度。

以上十剂交友的药方,若能时时服用,相信所交尽是善友,自己也会是人人称道的善友。

卷三 | 工作之要

工作是获得经济来源的主要管道；
如何工作顺利，
迈向理想抱负得以实现的人生，
更是工作的主要意义。

上班以前

社会上,一般人为了家计,不惜一切地工作赚钱,往往忽略了自己的身体健康及心灵提升。所谓"忙!盲!茫!"忙到最后,身心疲倦、内心空虚。因此,适当地规划上班以前的时间就更显得重要了。"上班以前"有四点建议:

第一,10分钟盥洗

一大早起床,刷牙、洗脸外,洗个热水澡能使人精神焕发,有助于工作效率的提升。除此,盥洗能促进血液循环,放松身心,将使思考更为活络。每个人的生活习惯不一样,大部分的人选择在一天忙碌的生活之后盥洗,以消除身心的疲劳。其实,早上盥洗也是个不错的选择,能提神醒脑。在佛教里,盥洗不只是一种形式,还可以作为一种修行,如《毗尼日用》所说:"洗涤形秽,当愿众生,清净调柔,毕竟无垢。"

第二,20分钟晨修

早晨的空气清新、环境宁静安详,是晨修最好的时间,无论是念佛、拜佛或是静坐、诵经都可以,为的是提振精神,让一天的生活都能过得心安理得,有所寄托;佛存在我的心中,自然会有力量,有力量则不会为琐事所困扰。一个人只要感觉内心拥有财富、拥有力量,对社会的服务也就永无尽期。

第三,20分钟运动

运动可以舒活筋骨,让身心活动起来。早上一起床,心中无忧无虑,可以到公园里运动、散步,享受新鲜空气所带来的清爽,这不也就像是人间的天堂吗?又如佛教的礼拜,不仅是修行,也是运动;可以拜出健康,拜出智慧,拜出清净,拜出光明,是很好的选择。

第四,20分钟读报

科技发达,读报是获得信息的重要来源,它能促使我们与世界的脉搏共跳动,跟上时代的脚步。如果思想、意境不能与时代同步,不就会被淘汰了吗?所以,工作再忙,也要给自己一点时间读报,借着用功吸收新知,督促自己与时俱进。

对于每天忙碌不堪的上班族来说,想要挪出一点时间充实自己,实在是一项难事。但是,如果你有心,愿意善用早晨的时光,那么,一切也就不成问题了。

工作之要（一）

父母教育子女长大成人，无非冀望子女找一份正当的职业，能学习独立自主；青年出了校门，也以在社会上谋取一份好工作，为自我成就。工作最神圣，服务最伟大；世界上的人，假如不工作，就难以活出生命的价值与意义。所以，如何工作，才能赚到人生真正的财富？有四点看法：

第一，勤劳为工作的态度

所谓"勤有功，嬉无益"。你要尽力工作，先要具备勤劳的态度。勤劳，必定是事业成就的关键，也是一个人获得成功的桥梁。像"焚膏继晷，兀兀以穷年"的韩愈，由于"业精于勤"，才能成为唐宋八大家之首的大文豪；而二十载恒"昼课赋，夜课书，间又课诗，不遑寝息"的白居易，也因为"早作夜息"而登上古代诗歌创作艺术的巅峰。历览古今中外，勤劳者留下了硕果累累，懒散者却是两手空空。所以，勤劳才能成功，勤劳的人才能为人所欢喜、接受。

第二，节俭为工作的方法

工作的质量，并不是用财富、金钱堆积得来，而是要用智慧才能做出工作的意义，工作的价值。过去桀用天下而不足，汤却用七十里而有余,证明金钱、时间、人力、物资都可以为我所善用。所谓"聚沙成塔,集腋成裘"。为了节俭,你的智慧会从工作中生出,所以节俭是穷人的财富,是富人的智慧。只有"啬于己,不啬于人""当用则用,当省则省",效法君子以俭来立德,而不学小人以俭来图利,发挥适当的用度以创造,才是真节俭。

第三,融和为工作的根本

在工作中,如果自己刚愎自用、独断独行,一定不能得到别人的助缘;如同天地间四时的节气,和煦就繁殖万物,寒冷就消蚀万物的生机。融和,在工作上是很重要的润滑剂;廉颇因为向蔺相如负荆请罪,而有了令后世称道的"将相和"。以现实层面来说,有了融和的心意,处在任何时刻都是和谐无碍的。所以佛教讲"横遍十方,竖穷三际"。古谚所说"泰山不辞土壤,大海不捐细流"。都是很好的说明。因此,做人要有容纳异己的气量,才能有远大的未来。

第四,谨慎为工作的原则

雨果说过:"谨慎比大胆有力量得多,看起来什么都不怕的人,其实是多么害怕对什么都小心的人。"孔子也说:"敏于事,慎于言。"其实就是一种谨慎的态度。做任何事应该要瞻前顾后,谨慎地顾虑好各种关系。所谓"祸不入慎家之门",有的人必须吃了亏,才知道事前要谨慎,以避免一失足成千古恨,一步差致千里远。所以古人"御狂马不释策",纵马奔驰的人不贪求最前,也不怕独自落后,只求谨慎,不敢大意。

爱迪生曾经说过:"天才是百分之一的灵感,百分之九十九的血汗。"说明了勤耕自有丰收日,时光自是不负苦心人。如果我们能够掌握工作的要点,就接近事半功倍的理想之道了。

工作之要（二）

　　工作是获得经济来源的主要渠道；如何工作顺利，迈向理想抱负得以实现的人生，更是工作的主要意义。有的人工作不够认真，遭主管反感；有的人工作没有信用，人家不愿意跟他合作；有的人工作没有理想，只能划地为牢。怎样工作才能迈向成功？有四点意见：

第一，诚信为工作的宗旨

　　一国之君如果说话没有诚信，就会失去百姓的拥戴；一个主管如果经常三心二意、朝令夕改，就没有属下愿意配合政策。历史上商鞅变法之所以能推行新政，就是因为他重视对百姓的诚信。过去孔子提倡"与朋友交，言而有信"。一个人若是轻诺寡信，必然自食其言，破坏与人美好的关系，也会降低自己的价值。所以，无论做什么事，最要紧的是要让人感觉你很真实，很有信用；有了诚信，会树立良好的形象，会给人带来安全感，工作就不难开展了。

第二，负责为工作的要领

　　工作的伙伴，有的人居功诿过，功劳我自己承担，过失则推卸给别人，这是没有担当的勇气。我们要学习负责任，好与不好，我都要能担当,我都要能恪尽职守,如此就不怕没有学习与升迁的机会。在荣耀满身的肯定中,可以获得光芒的加冕;从承担失败里,也能记取经验的智慧。勇于负责者能忠于事,必能值得托付;一个人只要肯负责,世间就没有什么解决不了的事。所以,勇于担当的人,未来必定充满希望。

第三,研究为工作的中心

现在无论做什么事,都需要有周密的计划,心中要备留几个方案,多加研究,工作才能做得更好、更进步。研究,是一种琢磨,棱角可以磨平,好的意见可以提炼出来,瑕疵的毛病能够化解掉;经过研究所得的方案,更能接近、符合大众所需求的目标。所以,研究为工作的中心。

第四,发展为工作的目标

工作要永续经营,就不能墨守成规,不能太过保守,一定要开拓新的领域、探索新的知识。一粒种子,向下发展能扎根稳当,向上发展能长成参天大树。所以"发展"会走出道路来,只有像种子一样伸展开来,才能得到阳光、空气、水分,才能看到开拓以后的美好天地。像王安石、龚自珍的"更法改制",王夫之、谭嗣同的"革故鼎新",无非都是为了"发展"的目标。只有不断地发展,才能进步,保守就是落伍,所以发展是工作的目标,一种有未来性看法的远见。

"海阔凭鱼跃,天高任鸟飞"。工作的大舞台,可以提供我们竞技才华,让我们有充分的用武之地。但是如何在工作中施展抱负,开创人生的意义与价值,有其必要的条件。以上四点,值得注意。

问题的处理

人,每天都要面对很多问题,只要早上睁开眼睛,就有各种好的、坏的、家庭、情感、金钱、事业等一大堆问题,等待考验你的智慧。有能力的人,善于处理问题,没有能力的人,面临问题手足无措,可以说,具备处理问题的能力,是现代人生存的重要条件。如何处理问题才能"理事圆融",有以下几点看法:

第一,不要扩大问题

在处理问题时,中国人有一套"大事化小,小事化无"的哲学。有时候,把不必要的问题轻轻带过,反而消弭于无形。有些人喜欢制造问题给别人负担,明明是芝麻绿豆大的事,却弄得大家鸡犬不宁,自己也得不到益处。禅门里讲"饥来吃饭困来眠",不要让一些无谓的问题自我困扰,生活才能随遇而安。

第二,不要低估问题

有些问题的确具有严重性,不可以低估,尤其牵涉人事、金钱、是非的问题,一定要妥善处理。甚至在一些竞赛场上,因为优势而产生的傲慢,看不清自己需要加强的缺失、需要弥补的漏洞,以致低估了别人的力量,眼看胜券在握,却失之交臂。如历史上,三国的关羽"大意失荆州",法国拿破仑"滑铁卢之役",都是过度自信,低估问题,才招致失败。

第三,不要复杂问题

有了问题,应该要让它单纯化,不要过于复杂,如果又把别的问题混杂进来,只有更加难解。六祖惠能大师说:"惠能没伎俩,不断百思想,对境心数起,菩提么长。"生活中的一切,事情琐碎繁重也很烦人,许多事不必要想得太多、钻牛角尖,随来随遣,能够简单化,问题自然容易处理。

第四,不要执着问题

问题来了,可以有许多不同的解决方法,重要的是不能执着,让问题从心上排除,才是究竟之道。一休禅师的徒弟始终放不下"师父背女人"的心结,让自己平白增添许多烦恼。

解决问题要像一个挑重担的人,能够适时地放下,才能享受"如释重负"的轻松自在。

佛陀是最能够"处理问题"的人,面对生老病死,他投入整个生命去体证解脱的方法;面对亲情、感情他用智慧、理性、慈悲来解决升华;遇到人我是非,他则用平常心及实际的行动来处理化解。总之,处理问题除了表明自己的立场外,也要能够为对方设想,不让对方吃亏,这才是解决问题的高手。

如何获得荣誉

世界上每个人都有很多的理想、要求,要求显达、要求广博、要求道德、要求第一……想要达到理想,必须先自我管理,要求自己有荣誉感,激励自己往目标前进。好的名誉不是天上掉下来,也不是别人能够送给你,要靠自己不断勤劳,不断辛苦,不断牺牲奉献,才能获得。如何获得荣誉呢?有四点意见:

第一,处事要有道德勇气

和人相交,不能是非不分,唯利是图。孔子说:"不义而富且贵,于我如浮云。"又说:"己所不欲,勿施于人。"与人共事,要让对方觉得自己讲义气、守信用、有承担力、讲究人格;不为利益交往,但以正义维系的道德勇气,就是做人处事的原则。

第二,待人要具诚实作风

每个人都希望别人对自己好,希望得到他人赞美。佛陀常常教导弟子,做人要说诚实语,说话不矫饰、不言过其实、不说谎、不咒骂、不挑拨是非。为人要诚实,交友处事如果诚信、诚恳不足,连自己也要多心;相反的,诚恳待人、做事实在的人,必能获得别人的信任、重用,不但做事容易成功,荣誉也会跟随而至。

第三，言行要能福国利民

一个人平常的言行，身边的人都在替他打分数。有一次唐太宗对近臣说："朕每日坐朝，欲出一语，即思此言于百姓有利益否，所以不能多言。"我们平时讲话也应注意，话多无益，不如不说；要能说好话，说有意义的话，说有利于国家、社会的话，大家对我们的印象，才会一分一分地增加，甚至会从不及格加到满分。

第四，工作要肯热忱奉献

工作的时候，如果偷懒、取巧、虚伪，甚至推卸责任，偷工减料，货品不真不实、偷工减料，都是别人所不欢喜的。一个人要"伟大"，必须付出许多辛劳，好比一栋房子的完成，是许多砖瓦的堆积，工作上要让人家肯定、赞美，也必须有热忱的奉献。

学功夫需从马步蹲起，成圣人必从小善做起，交朋友要能真诚相待，成就要靠点滴积累。天下没有一蹴而就的辉煌，如何获得荣誉，要能做到以上这四点。

处理过失的方法

子贡曰:"君子之过也,如日月之食焉:过也,人皆见之;更也,人皆仰之。"每个人都难免会有过失,重要的是犯了过失,我们能忏悔,肯改过吗?能够不闻其过,过而能改,才难能可贵。我们怎样处理过失,有四点意见:

第一,辩过不能息谤

一般人在遭到毁谤时会极力争辩,但是,往往误会没化解,谤言也未能止息。其实若真有过失,遭人批评,只要欣然接受,真心改过就好;无过,受人冤枉,也无须辩驳纠正,因为误会总会雨过天晴。谤言止于智者,所以,面对毁谤应以不辩为明。

第二,有过不能辞谤

一个人犯了过错,要勇于承认自己的错误,不能说推辞、推诿的话,能够诚恳接受纠正,诚挚发露表白,痛悔前愆,别人也会给予安慰鼓励。《资治通鉴》言:"仲虺赞扬成汤,不称其无过而称其改过;吉甫歌诵周宣,不美其无阙而美其补阙。"由此可知,懂得改过向善的人,能赢得别人的称扬。

第三，无过不能反谤

没有过失，却受到别人的冤枉、委屈，一点也不辩论，这种忍辱，对一般人而言是不容易的。其实日久见人心，时间会为我们洗清一切，所谓"人来谤我我何当，且忍三分也无妨"，别人写文章毁谤我们，也不过是只字词组，何足挂心；用言语骂我们，也只是声音，这些都不必去记恨，只要我们行事磊落，问心无愧，毁谤不但伤害不到我们，反而是增加力量的逆增上缘。

第四，共过不能推谤

有功归自身，有过则推得一干二净，这种居功诿过的人，是没有人愿意与他共事的；真有过失，也推卸不了责任。

如果遇到"共过"，自己还能勇于承担，就更能赢得别人的尊重，像西汉卫青与李广共战单于，卫青把单于走失的责任推给右将军赵食其，一身正直的李广却把责任担在自己身上，愿代责受审，无畏受罪，反而赢得众人的钦敬。

一个人有了过失，最怕不知悔改，又自怨自艾，如果能发露忏悔，就能坦然释怀，民国时期上海世界学校校长陶觉曾说："人人须日日改过，一日无过可改，即一日无步可过矣。"有过失没关系，懂得以智慧处理化解，才是首要的。

认错的好处

没有人喜欢犯错,但是犯错并不全然都是坏事,因为人之大善,在于知过能改,能够力求改正,错误反而会是成功的奠基石。认错也不一定是下对上的关系,有时父母对子女、老师对学生、老板对伙计,乃至领导对下属,若能勇于认错,人际之间必定温馨祥和,美妙无比。认错有四点好处:

第一,受人敬重

历史上,大禹"闻过则拜",所以为人尊敬;历代君主如汉武帝、康熙等,曾下罪己诏,而为后人称叹。美国总统克林顿闹出绯闻案,但勇敢公开向全美人民道歉,终能获得大家的谅解。"认错"不但不会贬低自己的身份,反而赢得更多的尊重。可惜的是,很多人不明白其中的奥妙,行事强横,不肯低头,最后成了最大的输家。

第二,提升向上

佛教十分注重"认错"的修持,除布萨、三番羯磨外,还有各种忏悔法门,借由这些法门,可以自净其意、向上提升。犯错而知悔改,能够长养内心清净的种子,能与真理相应、与正法感应道交,提升生命向上的力量。

第三,认清自我

人如果没有时时自我省察,认清自己的长短缺失,很容易得意忘形而失败。好比项羽不认错,自刎于乌江,临终前还喊着:"天亡我也!天亡我也!"反观刘邦和曹操,因为听从谏言,改正过失,而成就霸业。人的成败得失关键,与能否认错有密切关系,能够认清自己,改变错误、习气,修身修德,才有美好的未来。

第四,身心改造

我们常常为了保护自己、推卸责任而与人争吵,其实,认错未必是输,认错不但表现个人修养,反省自己,改造自己,甚至化暴戾为祥和。现在科技讲"基因改造",我们在无明愚痴中,也应力求"身心改造",才能从根本上解决烦恼。

贤能的人不以无过为贵,因为人会从错误中成长。《万善同归集》云:"诸福中,忏悔为最,除大障故,获大善故。"智者改过迁善,愚者文过饰非,能够勇于认错的人,进步得快;若凡事觉得自己有理,死不认错,只能原地踏步,甚至退步了。因此,认错有以上四点好处。

面对问题

人生中,每天在我们面前都会发生好多问题,比如财务、感情、事业、未来、人际、交友等等,这许多问题不能不面对、不解决。你面对了、解决了,才能自在安乐;不面对、不解决,只有痛苦、挂碍、烦恼,如何学习面对问题,进而解决问题?有四点意见如下:

第一,要诚实信用

要想解决问题,人家都看你有没有诚意。假如你没有信用、没有诚意,问题就没有办法解决。所以,要给人感觉到"我是很诚心的""我是遵守信用的",讲清楚、说明白,自然有办法解决。就算解决得不够圆满、努力得很辛苦、遇到再大的困境,相信也能得到大家的谅解,否则虚晃一招、欺瞒蒙骗或逃避责任,只会坏事。

第二,要亲切和善

解决问题不是吵架、不是争执,吵架、争执不能解决问题。问题的解决一定与人有关,因此态度要和善柔软,才能获得对方初步的接受。如果你横眉竖目、板着面孔、高声呼喊、官僚气势,只会增加难度与复杂性。能够采取亲切、和善的方式沟通协调,才是解决问题的上策。

第三，要为人设想

解决问题如果是为个人设想、以自己的利益为前提考虑，不但不能解决问题，反而显得自私、执着，甚至彼此各据立场，只有各说各话，不欢而散。解决问题，必定要着眼在"为人设想"，谋求共同的利益，你知道对方需要什么，了解对方在乎的症结在那里，只要结打开了，问题就容易解决了。

第四，要自我吃亏

有谓"要成功，必须忍耐；为求全，必须委屈"，一个人只要肯自我吃亏，就能解决问题。能吃亏的人，必定胸襟比别人大，气度比别人高，他能为大局着想，宁可自己吃一点亏，利益给你多一点，分钱我少一点，做事我多做一点，东西我少拿一点。他知道利益是暂时的，仁义道德是永久的，他能自我吃亏，所以能够解决问题。

问题发生了，躲也躲不掉，逃也逃不了，唯有面对问题，才能解决问题。能用以上四种态度面对问题，世间就没有大问题了。

严与宽

有的人做人很严、做事很宽,有的人做事很严、做人很宽,究竟是严好呢?还是宽好?严有严的纪律,能够整肃精神,但过于严格,容易让人喘不过气;宽有宽的委婉,较有空间发挥,但过于宽松,就会变成懈怠。所以,严与宽,要能够中道,有以下四点:

第一,定法要严、执法要宽

一个机关团体,人数多了,就需要制定适合人人遵守的规则,来维持团体的纪律,建立团体的形象。守则是管理众人的纲本,因此在订定上必须周全严密。但是执法的人,在实行的时候,要审视情况因缘,有时也要兼顾"情理法",让他感觉受到一点宽容、优待,他反而会感恩图报。否则,所谓"一朝权在手,就把令来行",执法太过严苛、官僚,别人也会不服气。

第二,对己要严、待人要宽

一般人习惯原谅自己,却严厉要求他人,这样"宽以律己,严以待人",其实是反其道而行之,不但让人远离避之,而且容易遭到反弹,甚至惹来麻烦。这世间是众人成就而成的,有别人才有自己,没有别人,也就没有自己,因此,对别人要宽厚一点,多包容一点,多留一点空间,多留一点路给别人走,这才是做人之道。

第三,居家要严、处众要宽

一般人居家时,大多觉得这是在家里,可以轻松一点、随意一些,比较不会顾及礼仪。这原本无可厚非,但如果家居生活过于放逸、不正派,对儿女的教育也会有不好的影响,因此居家也要严谨。反之,假如在处众时,流露耀武扬威、高倨严厉的样子,这样的形象,让人不敢恭维。因此,处众要慈颜悦色、要宽大祥和,让人有如沐春风之感,做人和平、和谐,才会有好人缘。

第四,大事要严、小事要宽

有的人对大事马马虎虎,对小事却斤斤计较,这就叫"大事无能,小事执着",轻重把握不当。大众的事,一定要依法、依大众、依会议行事,不能随便马虎,大众也要严格遵守奉行。至于小事,只要无碍于大众公约,无关紧要,无伤大雅,就可以宽大一点,不必事事锱铢必较,也就不用太过辛苦执着。

严与宽,要如何抉择呢?当严要严,当宽要宽,有时要严中有宽,有时要宽中有严,能够处理中道,那是最好的了。这四点严与宽的原则,可以参考。

谈判高手

现代社会交通、人际、事业往来关联密切,不能再是单枪匹马孤军奋战,许多事都要靠合作、靠谈判才能达成。

国家和国家要谈判,士农工商、公司团体之间要谈判,校长和老师谈判,甚至老师也要和家长、学生沟通谈判,乃至买房子、找工作,也需要谈判签约。什么样的条件才算是"谈判高手"呢?有四点如下:

第一,要耐心协调

一上谈判桌,就不是三言两语能解决,甚至不是一回合、二回合,可能还要多少次的你来我往。最重要的,要能耐心协调、沟通、纾解。

谈判时,要保持沉着冷静,不急不躁,敞开心胸承认对方的好处,而不是一味攻击、批评,否则就谈不下去了。因此,具备耐心、协调、沟通,是谈判的第一步。

第二,要谋求共识

会谈判,就是由于彼此立场不同,要消除双方对立的形势,就需要先达成共识。如果谈判时,牛头不对马嘴,各说各的话,尤其最怕没有法则、没有轨道、不合情理,那当然就谈不成了。因此要以谋求共同的利益为出发点,如此才能消除鸿沟、建立共识,才能创造"双赢"的局面,这才是达到谈判的目的。

第三,要体谅对方

西方有句话:"穿上顾客的鞋子",意思就是互换立场,设身处地为人着想。最成功的谈判,不光是讲说自己的利益,要求人家来接受我们,而是站在对方的立场,为对方的利益考虑,懂得他的需要、他的重点,你体谅他的立场,所谓"解决对方的问题,就是解决自己的问题",谈判的结果,才能皆大欢喜。

第四,要彼此尊重

谈判不一定在于会讲话,而是在于彼此尊重。假如你不尊重对方,对方也不尊重你,互相不尊重,如何进行下去?因此,在谈判之前,要让对方觉得你是君子、有诚信,有道德,能够公正、公平地来谈。对方也会想,我要给你信任,我不会让你吃亏,甚至你想不到的我都帮助你。在互相信任之下,谈判就能成功了。建立在彼此尊重基础上的谈判,就不会把自己的利益绷得太紧,即使破裂了,也比较容易找到替代方案,留有余地,未来会有转圜的空间。

《三国志》云:"夫用兵之道,攻心为上,攻城为下,心战为上,兵战为下。"谈判也像战场,要懂得他人的心理,耐心倾听,彼此尊重,建立共识,体谅立场,就会达到谈判的效果。

拒绝的艺术

人与人相处,经常会有一些事情的往来,有时我求助于人,有时人求助于我,大部分的人都愿意尽力帮忙彼此。不过,有些事情不能、不会,或是做不到、不愿意,难以做到"有求必应"时,那也只有拒绝了。拒绝最好能有个替代,不要毫不给人留面子,贸然拒绝、悍然拒绝,那不但容易破坏情谊,也会失去许多因缘。所以,拒绝要有拒绝的艺术。"拒绝的艺术"有四点:

第一,不要立刻拒绝

当别人希望得到我们的协助时,即使自己做不到,也要深表同情,鼓励他、安慰他,接着再说明自己的困难点,才不致让人感觉你冷漠无情,没有商量的余地。因此,学习"如何婉拒"很重要,虽然自己做不到,但也不要得罪人,才不会伤感情,造成遗憾。

第二,不要生气拒绝

拒绝别人时,态度表现不能过于强硬,能够口说和善的语言,面呈亲切的颜色,是最能给予彼此空间的。否则你一出口就是"我做不到!""你这个不好、那个不对!"怪你、怪他,造成对方的怨恨,让人不能释怀,甚至导致友谊破裂,未来再见面时,那就很尴尬了。

第三，不要无情拒绝

当一个人埋怨对方时，总会说："这个人无情无义""那个人自私自利""那个人不好交往"。因此，给人"无情"的印象，就会失去很多朋友。所以情义是很重要的，要时时给人欢喜、给人帮助，不得已要拒绝的时候，也要道歉，求得他人的谅解。

第四，不要轻易拒绝

当别人有求于我时，不要轻易拒绝，应尽可能地给予帮助，帮对方考虑问题的困难所在，提供一些参考意见。或许你实在无力承担，对方也会因为你的诚意，进而让他同情你，谅解你的拒绝，如此，才是最高的拒绝。

做人难、难做人、人难做；与人相处，如果没有艺术，容易得罪人。因此，不得已要拒绝时，当婉转曲折、好言好语，让对方能接受；只要处理得当，有帮助地"拒绝"，不傲慢地"拒绝"，有出路地"拒绝"，造成的伤害就会减少。拒绝要让对方感到欢喜，拒绝对方要有艺术。

永续经营

现代人的生活，凡事都讲"永续经营"。经营人生、经营家庭、经营事业、经营公司、房地产……有形的物质生活，无形的精神生活，一切都要经营。经营也不一定都是为自己求名求利，尤其想要永续经营，有以下四点意见：

第一，经营情义，不经营利害

有人问什么是情义？这是一种往复循环、互相交流的感情，一切众生莫不具备。很多人慨叹今日社会的尔虞我诈、斗乱纷争的病态，其实，如果我们能从消极的等待，转为积极的实践，从被动的接纳、乞求，到主动的付出、给予，从布施小恩小惠，扩大到为对方着想；从身边亲朋好友，推及世间一切众生，经营情义，不经营利害，那么，何处不能情义盎然？因此，对于世间有情有义的事，多用一点心，把它经营好，不计较利害，不计较是非，整个世界会充满情义。

第二，经营分享，不经营个人

经营必须靠集体创作，因为无论什么事，都是要靠大家一起来才能完成，不要把功劳、成就、利益都归于自己，太过个人主义，就不能得人心。因此,不经营个人而经营分享,你把经验传承,把功德分享给大家,会获得大众的认同、获得共同的利益,那么团队所成就的,也是个人的成就。

第三,经营善友,不经营钱财

钱财太多,不一定能救你、能帮助你,甚至有时候钱财多了反而害人,因此,我们不见得一定要经营钱财,但是要经营朋友。尤其结交慈悲、善良的朋友,是人生最大的财富、最大的支柱。善友不怕多,甚至多多益善,到了要紧的时候,个个都会拥护你、帮助你,为你分忧解愁,给予你精神鼓励,你就有勇气承担一切。

第四,经营福慧,不经营五欲

经营财色名食睡五欲,会使人贪得无厌,令人神迷心乱,失去理智定力,人生最好是经营福慧。有福,生活会很好,日子会平安;有慧,烦恼会减少,思想会明理。佛门讲"皈依佛,两足尊",两足也就是福德智慧两全。有云:"修福不修慧,大象披璎珞;修慧不修福,罗汉应供薄。"有福没有慧,虚浮不聪明,有慧没有福,吃饭都艰难。因此要经营福慧,自然福德因缘具足。

农田需要不断地灌溉,稻谷才会成熟;生活需要不断吸收智慧,生命才能扩展。经营有形的外在,容易失去;经营无形的恩德,偷盗不去,也流传万古。

失败之因

世界上有许多成功者,对世间作了许多贡献。热心公益者,福国利民;商人巨贾货通有无,带动经济成长;道德家睿智德行,受人崇敬;音乐家创作音乐,美化心灵,这些都为世间留下成就和美好。

相反的,也有许多失败的情况,大则祸国殃民,危害世间,小则自伤自害,无尽苦恼。失败的原因很多,列举四点说明:

第一,责人而不责己

有的人总是推诿,总是要求别人、责怪别人,却不责备自己,不检讨自己。错误没有检讨,过失没有改进,怎么会成功?韩愈《原毁》中说"古之君子,其责己也重以周,其待人也轻以约",所以人人乐与为善;许多人"责人也详,其待己也廉",因此很难相处。倘若一味地责备他人而不反责自己,那么离失败就不远了。

第二,排拒而不接受

别人跟我们讲话,提供好的意见,我不接受;或者我对你印象不好,即使你有好的想法,我也拒绝;乃至对于别人做好事、有功劳,我排斥、不欢喜,这些都是智慧不够,认识不足,容易失败。不好的东西,是要拒绝,但是善美的事物,应该要纳受。佛陀曾以四法教诫罗睺罗:器覆、器漏、器污、器满,都是不能堪受佛法的。同样的,想要成就功业,也必须排除这些不接受善法的弊病。所以,我们要不怕大、不怕多,广纳意见,多多益善,就容易成功。

第三,近视而不前瞻

有的人没有前瞻的远景,他只看今天,看不到明天、看不到明年,甚至看不到未来;也有的人只看小部分的人,他不看大众,更不为多数的人着想,只想眼前一时的短利,不想无限的未来,这样怎么不失败?将眼光放远一点,只要与人有利的事,要多赞助、多鼓励,多将欢喜给人,彼此互助互利,裨益更多的人,才能创造双赢的局面。

第四,自私而不为公

有人为了一两元钱、几粒辣椒,可以和小贩争执半天;也有人为了几百元交通违规罚款,拿更多的钱去打官司,这些都是很划不来的。所谓"心量有多大,成就有多大"。如果,什么东西都先从私心着手,只想自己多赚一点,自己多放一些假,有什么利益先给我,处处把自己摆在前面,别人摆在后面,彼此交相争利,那肯定是会失败的。

地无私载,凡事承担,所以称其厚;天无私覆,凡事包容,所以称其大;日月无私照,没有私心,所以称其明。要有人缘,必定要为别人着想;想有成就,则要高瞻远瞩,吸取点滴善美,厚实人格内涵,才会迈向成功之道。

要求什么？

在生活中，我们经常会要求这个、要求那个，满足心中所求；也会要求别人给我们尊重、给我们名声、给我们支持、给我们利益，甚至会要求别人符合我们的标准、目标。要求外在条件的满足、要求别人认同我们之外，对自己的人生、生活、做人、处事要求什么呢？有以下四点意见：

第一，规律行为

我们的语言、动作，做人处事，一举手一投足，都要有规律，要能合理，懂得别人的需要。规律是戒财，不依规律，就容易放纵，放纵自然就会堕落，自然会有不正的行为，做人没有原则，做事没有章法，如此，别人怎么会看得起我们？所以，规律是一切正当行为、生活必要的准则。

第二，正见信仰

人活在世间上，除了要求种种的生活以外，还需有一个信仰。这个信仰，并没有宗教上一定的限制，比方对国家的信仰、对宗教的信仰、对朋友的信仰，乃至对人生目标的追求，无论信仰什么，重要的是要有正见。正见是明理，不明理，别人不要跟我们相处；正见好比照相的光圈焦距，调整稍有差错，照出来的相片就会模糊。一切人、事、物，没有正见，看错了，对这个世间就看不清；不明理，人生就会糊涂，不知何去何从，因此，信仰上要有正见。

第三，勤奋工作

人都要工作，没有工作，也就显现不出意义。工作时，你不能懒惰，懒惰没有人欢喜，只有让人失望。你也不能懈怠，所谓"今日事、今日毕"，一天的事情，你做了两三天，拖拉、推托，只有让人家感到跟你合作很痛苦、很急迫、赶不上节拍。因此在工作上，你必然要勤奋、快速，别人才能对你产生信心，觉得你可以让他付托责任，交办事项。

第四，简便生活

在生活中，衣着过于追求绫罗绸缎、华丽高尚，只有感到"衣橱里永远少一件衣服"；饮食一定讲究珍馐美味，我们的胃却像无底的黑洞，永远没有填满的一天；再大的房子，你也要整理打扫，再好的车子，你也要给它保养维护。每天为了追求物质的满足，只有疲累不堪。假如生活上，凡事都能简便一点，会过得很自在、很逍遥。说话简便一点，做事简便一点，简便的人生，生命会长久；简便的生活，自己好，别人好，大家都好。

要求别人符合我们的想法很难，不如先要求自己比较容易。一个有智慧的人，会从以上四点自我要求做起。

守时的重要

守时能使人生活不懒散,进而奋发积极;守时是对他人守信,必能获得人和;守时是守法的基本,自能受人尊敬。有时,守时也关系到国家的安危。战国时期,各诸侯国征战不休,连吃败仗的齐景公派田穰苴将军,与宠臣庄贾领兵回击。受景公宠爱的庄贾因骄横狂妄,未按约定时间到达军营,田穰苴因此将庄贾就地斩首。由此可知,守时是自古以来,攸关成败安危的关键。

守时的意义有下面四点:

第一,守时是社交的礼貌

当我们跟别人约好时间,就不能迟到。常有人约会迟到了,就振振有辞地说:"因为堵车""因为临时有电话""因为出门前有访客"……这些都不是理由;"不浪费别人的时间",才是最好的理由。你已经与别人约好了时间,就不能迟到,因为这是失礼的行为,而且在商场上,如果迟到了,可能因此会丧失合作的机会,所以守时是社交的一种礼貌。

第二,守时是生活的义务

在职场上,上下班要守时,交货、付款要守时,这是职业的基本道德;在生活中,上下飞机要守时、搭乘火车要守时、参加社会活动也要守时,这是国民基本的礼仪;学生上下学要守时,吃饭、睡觉、交作业、交试卷,也要守时,这是青少年应有的学习态度。所以,守时是生活中的一种义务。

第三,守时是领导的需要

守时,就是惜时,就是对他人及对自己的尊重。一个领导者,要能让部属对他的领导服从,守时是最基本的要件之一。如果领导者上班迟到,开会也迟到,如此会让部下对他的言行不信任,甚至于也会对他的领导产生怀疑。所以,守时是领导者的一种需要。

第四,守时是人类的文明

守时是文明进化的产物,愈是先进的国家,对守时的观念愈是注重。俗语说"时间就是金钱",凡事讲求高效率的现代,守时已是做人处事、交际往来的重要课题;在分秒必争、讲究服务的今日,守时已是代表信用、重视顾客,以及对他人尊重的行为表现。所以,守时是人类的一种文明。

时间可以成就一个人,成功的秘诀在于守时,有时间观念,这是一种信用。

如何说话

说话,是人与人之间沟通的重要方法与渠道。在一个团体里,说话得体、妙语如珠的人,必会给人留下深刻的印象。尤其人与人之间的往来,说话得当,可以增进人际的和谐。所以,"如何说话",有四点意见:

第一,要说欢喜的禅话

在日常生活中,我们要常说"给人欢喜"的话,才能调和人际间的关系;"禅话"就是让人觉得幽默又有机智的语言。在一个团体中,常说欢喜的禅话,可以化解紧张的气氛,增加生活的快乐;常说欢喜的禅话,可以让严肃刻板的生活,显得洒脱自在。所以我们要常说欢喜的禅话,让别人喜欢与我们说话。

第二,要说诚实的真话

子曰:"知之为知之,不知为不知。"做人说话要诚实,才能坦然;如果说话不诚实,会让自己处于担心被识破的恐惧中,而让心神不能宁静。尤其常常说话不实在的人,将如"放羊的孩子",久而久之,即使说出实话,别人也不会再相信他。所以与人相处,要说诚实的真话,才能获得别人的信任。

第三,要说尊敬的美话

说话要说美丽的话、要说动听的话、要说让人欢喜的话。如何才能说美丽、动听的话呢?孔子说"乐道人之善";孟子亦"戒言人之不善"。对他人的善行要说赞美的话,对他人的成就要说尊敬的话,对他人的服务要说感谢的话,对他人的进步要说鼓励的话;说话能让别人听了感到欢喜,觉得受到重视,别人也才会回报给你善言好话。反之,如《礼记》说"言悖而出,亦悖而入",所以我们要说尊敬的美话。

第四,要说利人的好话

孙子言:"赠人益言,重于珠玉;伤人以言,甚于剑戟"。在说话之前,我们要先扪心自问:"我说出来的话,是想要对别人有所帮助的吗?"如果这句话说出来对别人没有帮助,甚至有所损害,那就最好不要说。因为对别人无利的话,会伤害别人的前途与名誉,有时还可能让人陷入痛苦的深渊之中。所以,说话要说利人的好话。

每个人每天都要说话,我们要说什么样的话呢?除了不恶口、不妄言、不绮语、不两舌之外,尤其要说有益于人的话。

机会

人的一生总希望遇到很多好的机会,但是机会是随顺因缘的,是不会等待的,是要我们及时把握,甚至要靠我们主动争取创造的。西谚云:"天才是时时刻刻寻找机会,他们愿做别人不愿做的工作,永远不怕做别人从来没有做过的事。"即使是天才,也要比别人付出更多,把握机会努力。面对机会有几种情况呢?以下四点:

第一,脆弱的人等待机会

居里夫人说:"弱者坐待良机,强者制造时机。"一个胸无大志、立无大愿之人,只会等待别人关心、爱护,等待机会降临,殊不知在等待里,消耗了多少的希望与雄心。乐观的人,在不幸、失败中,都能看出好机会;悲观的人,即使处在好机会里,也都只看到不圆满。生命有限,时间不会容许你三等四拖,因此,不要缅怀过去,不要妄想未来,要及时奋发图强,努力振作,切莫因为等待而消磨人生,白白空过。

第二,勇敢的人把握机会

有语云:"没有机会时,广结善缘;机会来临时,及时掌握。"人生的机遇可遇而不可求,往往在一瞬间稍纵即逝,今天有的,明天不一定会再有,勇敢的人不但能认清时机,还能够起身行动,不管成功与否,都会从中学习,再创更多的机会。但是如果犹豫不决,不能当机立断,只有让机会空逝。因此,人生每个转折点,要懂得把握,不要等事过境迁再来追悔,那就可惜了。

第三,敏捷的人运用机会

才思敏捷的人,不但能掌握机会,甚至还会利用机会为自己、为他人创造因缘,造福大众。像苏格拉底说的:"最有希望的成功者,并不是才干出众者,而是能善于利用每个时机去开拓发展的人。"所以训练自己敏锐的思考、独到的眼光、宽广的远见和积极的行动力,运用机会,会迈向成功之路。

第四,能干的人创造机会

培根说:"智慧之人所创造的机会,远远超过他能遇见的机会。"一个大好的机会,可能因为懒惰而化为乌有,普通的机会,却因勤奋而变成良机,因此,要成就一个目标,与其坐待因缘行事,不如创造因缘机会,如同台湾公益平台基金会董事长严长寿说:"从弯腰中创造机会。"一个有能力之人,无论环境好坏,都能打破困境,适时制造良机,不断学习,创造自己的舞台。

机会在每个人的手中、眼前、脚下,只要多培养福德因缘,种子播下了,还怕未来没有成熟的因缘吗?世间人给我们成就的机会,我们也要懂得回馈别人。如设校办学,让莘莘学子有求知的机会;成立生命线,让苦闷心灵有解救的机会;建造佛堂,让大众有净化身心的机会,彼此成就,就能为未来创造更多好的机缘。如何面对机会,以上四点,值得我们深思。

选择

人的一生,时时都在选择,选择好的居住环境,选择适合的日常物品,选择可口的饮食,甚至出门在外,选择搭公交车还是坐火车等。有时候所作的选择并没有绝对的对与错、好与坏,只是随个人的喜好不同而抉择;但有时候一次的选择,却会影响个人的一生,甚至扩及全体民众,这时就不得不慎重选择了。以下列举四点,提供参考:

第一,求学要选择良师

人的学习,虽然始于家庭教育,但是正式的受教,是从进入学校开始。一个人的学识、道德、人生观的建立,学校里的师长可以说占有举足轻重的地位。古来多少伟人的成功,莫不得力于良师的指导与鼓励,例如海伦·凯勒就是一个人所皆知的例证,所以求学要慎选良师。

第二,共事要选择良友

"良师""益友",自古就是人生的两大幸事。求学能得良师指导,固然属幸;谋职创业,能得良友之助,也是人生一大幸福。所谓良友,就是真诚以待,当你有了过错,他敢于谏言;当你有了成就,他乐于共享;当你有了困难、迷惑,他也会尽力为你解危、指点迷津。如此朋友,"有福同享""有难同当",这才是真正的好朋友,也才值得结交。

第三,治病要选择良医

人吃五谷杂粮,难免会有生病的时候。有病要看医生,对于医生的医术、医德,都要用心了解,不能病急乱投医。如果不幸选择的是一位庸医,不但花钱找苦吃,万一因此延误病情,还可能赔上一命,所以治病要选择良医,比什么都重要。

第四,安民要选择良方

一个政府首长,乃至一个国家的领导者,要想社会进步、人民安居乐业,一定要有好的政策。举凡内政、外交,诸如经济的发展、教育的改革、国防的巩固、交通的规划、科技的研发等,都要有好的方针因应社会的需要与发展,如此才能安定民心,带领国家走向进步与现代化的远景。

选择,有时候影响只是短暂的,是个人的;有的选择则关乎一生,乃至众人的利益,就如以上所述,不可不慎。

耐力

"耐"是持久,是承受,是一种力量。你看,飞鸽传书需要耐力,跑马远行需要耐力,甚至骆驼横越沙漠,都需要耐力。"耐"也是经得起,你看,衣服要能耐穿,工具要能耐用,甚至一朵花、一幅画、一个人也要让人耐看。无论做什么事,你要有耐劳、耐烦的精神,才能为人所接受。日本禅师丹羽廉芳曾说:"人生像马拉松赛跑,谁有耐力,谁就可以获胜!"如何才能培养"耐力"呢?有四点看法:

第一,身体受劳累要能不苦

一个人的身体,有时候因为工作繁多,难免会感到劳累。但是,体力上的疲劳容易消除,重要的是,在心理上要自我训练不感觉到苦。这就好比平常走路,走习惯了,自然能走得远、走得久;你挑担,挑久了,当然就能担当重负。因此我们要训练自己,在劳累当中,能够不觉得苦,那才是重要的。

第二,感情受挫折要能不忧

我们做人处事,在感情上,经常觉得受到挫折。比方别人的一句闲话,伤害到我,别人的一个动作,侵犯到我,别人的一点小事,让我受到损失。甚至在家里,父母与子女、夫妻之间、婆媳妯娌往来，在感情上难免会有高低起伏等。当受到挫折的时候，要能不忧恼，如果你觉得"不要紧、不计较、没有关系"；你能化解、处理，就表示你能担当、你有力量。

第三，能力受挑战要能不懈

一个人能接受多少挑战，就表示他有多大的能力。比方在工厂、公司、单位里，你能做到哪一种职位？你担任主管，能做哪一级的主管？甚至在社会机关里，你能负责哪一种职务？这都是表示你的能力有多少。人生就像阶梯，又如登山，能够接受一级、一级的挑战，而不觉得工作太多、太烦，就表示你有能力。其实，每一个人内心都有无尽的能源，只要自己精进不懈，就能开发出来。

第四，尊严受羞辱要能不怒

一般人受贫、受穷、受苦都还容易忍耐，如果尊严受到伤害，大概就无法忍受了。古人说："士可杀而不可辱。"有的人不惜生命，也要保持人格的尊严。其实，一个人是否成功，就看他承受挫折、难堪、侮辱的耐力有多少？当我们的尊严受到伤害的时候，要能"争气"，而不"生气"，人生的境界必定不一样。因为有远见的人，不争眼前，而是争未来；有作为的人不争一时，而是争万世千秋。

耐烦加上恒心，就会成为耐力。有耐力，读书才会通晓，做人才能通达，修行才有成就。世界上任何事业的成功，"耐力"是必备的条件。能经得起磨炼，在耐力中与自己赛跑，在耐力中，就会发掘自己的力量。

活用

人要活得有价值、有意义,在于活得有用。所以,做人要灵活运用各种关系、各种因缘、各种能力,让自己动起来,让生命的能量发挥作用,才能成为有用的人。关于"活用",有以下四点意见:

第一,在生活中,兼容事理

每一个人都离不开生活,在生活中总会遇到各种人事、金钱、感情等问题。处理问题,最重要的是"事理"要圆融。有的人只偏重于事,忽略了道理;有的人太讲究道理,不能兼顾人情、不合乎情理,都非中庸之道。做人处事,能够事理兼顾,人生才会圆满。

第二,在学习中,灵活运用

生命是一部终其一生也研读不完的书,所以人生要能"活到老、学到老"。在学习里面,要能学以致用,并且要懂得灵活运用,不能一成不变,不能太刻板。只要于人有益,不管什么事都可以做,不管什么话都可以讲,所以一个真正能干的人,他能左右逢源,利用各种因缘帮助别人,成就别人,甚至委屈自己也不在乎。

第三,在人群中,散布喜悦

我们知道,人活在世间,不能独自存在,一定会与社会上很多的人与事发生互动的关系。在群我关系当中,最要紧的是要把欢喜散布给人,要把喜悦分享给人。做人不能天天板着脸孔,不能把忧愁、苦恼感染给别人,让人家不欢喜你,自然会慢慢远离你。因此,现在的社会人生,不但要有声音,要有动作,要有彩色,最重要的是,要有喜悦,要把喜悦散布给人,这是最重要的。

第四,在尝试中,激发进步

自古成功在尝试,一个人如果过分保守,不能与时俱进,不肯接受新知,不敢接受挑战,注定会被时代的潮流所淘汰。所以,人要不断地尝试,不断地更新,不断地寻求发展,人生才会进步;墨守成规,一直在原地踏步,自然"不进则退"。

池塘里的水不流动,就会腐臭,自然无法供人饮用、洗涤;人的思想迟钝,无法灵活运用,人生的价值必然有限。

调适

《天台小止观》说:"初学坐禅,当调五事:调食、调睡、调身、调息、调心。"东晋《抱朴子》也说:"善养生者,食不过饱,饮不过多,冬不极温,夏不极凉。"说的无不是身心的调适之道。其实生活之中,除了养生要调适,举凡做人处世,最要紧的,也是要调适。能调适就是"中道",如何调适得宜?有四点意见提供大家参考。

第一,精勤之人可以闲暇

古人有谓:"焚膏油以继晷,恒兀兀以穷年。"表达了一个人的勤奋不懈;又云"韶华虚度、玩岁愒日",讥评了醉生梦死、空度时光之人。前者精进的精神,令人赞叹,后者懒散放逸,无非浪费,实不可取。如果能调适得宜,勤劳的人,可以适时享有闲暇;偷空安逸之人,要奋起精勤,二者必能成事。

第二,忧惧之人可以恬适

心中有太多的畏惧、忧愁、挂念,对人体实非益事。所以古人用"五内如焚"与"肝胆俱裂",来形容情绪的杀伤力。反之,成天贪图舒适,没有忧患意识,也过于不懂居安思危、防患未然。《春秋胡传》:"春秋防微杜渐之意,其为万世虑深远矣。"适当的危机意识是必要的,但过于提心吊胆则大可不必。

第三,思虑之人可以无心

作家"呕心沥血"所以成就文章;谋士"殚精竭虑"故能运筹帷幄。像这种经常用智慧、拟计划的人,在赋闲之际,要让自己"无心",好让过度使用的头脑,得以休憩。对于饱食终日、无所用心的人,则应该多一点思虑。《晋书》云:"一物不知者,固君子之所耻也。"适度思考、吸收新知,也是该有的生活态度。

第四,小心之人可以大胆

《隋书》云:"小心翼翼,敬事于天地;终日乾乾,戒慎于元极。"小心谨慎可以思虑周全、免于失误。但有的人做人做事太过于小心谨慎,往往有错失良机之憾。《左传》云:"弈者举棋不定,不胜其耦。"因此,行事顾虑细腻者,有些时候要能果断大胆。而过于大胆的人,有时候也需要一点小心,免得"掉以轻心",误了正事。

六祖慧能大师说,愚人调身不调心,智人调心不调身;所以生活在世间,要能把苦乐调和起来,把忙闲调适起来。好比弹琴,琴弦过紧,其音尖涩刺耳;过于松弛,其声混沌滞碍;唯有琴弦松紧调适得宜,才能演奏出悦耳的曲调。而用心固然好,表示你负责承担,过于用心计较,就比不上无心的境界。所谓"无心插柳柳成荫",有时无心也会有意外之获。

想要享受怡然自得生活,实在要善用"调适之道"。

有容乃大

无论是一个人或者社会,想要成其大、成其高、成其远、成其善美,一定有它必要的条件。什么是成就的条件呢?有四点看法:

第一,不择细流,才成江海

管子说:"海不辞水,故能成其大。"我们要想成其大,也要像大海一样,把各种的江、河、溪流,统统汇归一起。社会也是一样,好比佛陀组织教团,阐明"四姓出家,同为释氏",无论什么种族、地域人士,我都能纳受,同样平等,就能像大海一样"容纳异己,罗致十方",就能成就百鸟争鸣、万花齐放的缤纷社会。

第二,不辞土壤,才成高山

佛陀一生说法49年,说到时间,有"三大阿僧祇劫";说到空间,有"三千大千世界";说到众生有"十方法界",我们身为一个人、身处一个社会,也要尊重各种差异现象的存在,例如种种的文化、生活、语言、风俗、民情等等,才能显其大与高,就像一座山,它不会嫌弃一块石头、一片土块,所以才成其宏伟。

第三,不耻下问,才成渊博

所谓学问,就是要学也要问,即使天资聪颖,也要有请教他人的雅量。盘达特是教授鸠摩罗什小乘佛教的老师,后来却拜鸠摩罗什为大乘佛教的老师,大小乘互为师,成为中国佛教的美谈;又如孔子"入太庙,每事问",看到种田的庄稼汉就说:"吾不如老农",看到种花的园丁,慨叹"吾不如老圃"。能从每一个人、每一件事上发现参学之处,才能深广博大,不仅洞达世情,而且学通古今。

第四,不掩过失,才成善美

《佛光菜根谭》云:"人之所患,莫甚于不知己恶。"中国人向来重视面子,一旦出错,总想如何挽回颜面,所以就有政治人物不肯认错,领导、部属不肯认错,父母、子女甚至朋友间都不肯认错的情况。其实,人不免有一些缺失、不足,佛教说忏悔改过可以灭罪,不文饰非,就能不断进步,不掩过失,就能成其善美,成为有用的人。

历史上,齐桓公重用敌手大将管仲,故能一匡天下,称霸中原;唐太宗任用不同政见之贤臣,故有大唐盛世;美国容纳不同种族,而成为民族大熔炉。所谓"心中接纳多少,就能拥有多少;心中包容多大,就能拥有多大"。能以开阔的心胸包容不同的人事物,自然能领悟世界美妙之处。

运动与事业

在世界各地,无论你走到哪个国家地区,各种运动球赛,总是受到民众热烈的欢迎。你看,"老虎"伍兹挥杆的专注神情,其风采吸引多少人心;球王贝利的脚上功夫,至今被列为百位伟大的运动员之一。NBA篮球赛,掀动全美上下,世界杯足球赛,撼动全球人心。运动、打球,与我们的身体健康、做人处世、事业发展等,其实也有着密切的关系。兹举说明如下:

第一,人生的球场,要凭力道的均匀

高尔夫球,运杆的力道大小要均匀;打棒球,投球的速度变化快慢,也是要均匀。人生也是球场,就看您的用心用力,均匀才能耐远,均匀才能持久。

第二,商场的竞争,要凭恢宏的气度

打球当然就会分一个胜负,罗家伦先生说:"'胜固欣然,败亦可喜。'正是重要的运动精神之一。"商场上的竞争,也是要有这种运动家的恢宏气度。胜者,赞叹他的本事好,值得人尊敬;败时,不怨天尤人,充实自己,改进自己,等待东山再起。

第三,事业的大小,要有健康的赛跑

有一句话说:"人生就像马拉松,看你活多久。"跑马拉松,要有健康的体魄、持恒的耐力;人生事业的大小,也是要靠我们的耐心、力量,无论得奖与否,只要任重道远,贯彻始终,就是一个有毅力的人。

第四,外在的生活,要有内心的享受

打球、运动、事业是外在的生活,同时也要有内心的享受。你有外在的付出努力,内心才有机会获得欢喜、超越与成就感。你有运动场上服输、认错、敏捷的精神,才能养成内在正大光明、荣誉自尊、协调进取的性格。

第五,财富的拥有,要靠大地的普载

稻米生于田地,花果长于田园,因为大地的供给,所以万物生长。高尔夫球场,绿草如茵;森林公园里,高树成林;因为大地的普载,故能让我们闲步慢走或是奔跑驰骋。因为大地,我们拥有许多有形无形的财富。

第六,群我的融谐,要靠人脉的缘分

事业也好,运动也好,都是一种群我的关系。球场上,无论何种运动,无论输赢,比赛结束时,都要彼此握手道谢,因为没有对手,我就不能打好这一场球。西方国家的执政党与在野党,亦敌亦友,哪一方势力较弱时,就会扶持对方增长势力,目的是为了国家制度健全,人民安乐。在事业上,也要感谢竞争的友商,因为不断刺激改造,就有进步的机会。倘若没有人脉的缘分,没有群我的融谐,这些都无以致之。

温布尔登原本只是英国的一个小城镇,当地人从来没有入围得奖,主办单位却锲而不舍地经营,今天的温布尔登驰名世界,成为全球四大网球公开赛之一。全球运动品牌龙头老大耐克公司,两位创办人,一位是田径教练比尔·鲍尔曼,一位是慢跑选手菲尔·奈特;这对美国俄勒冈大学田径场上的师徒,以一双球鞋和无比的耐力,跑出了一片天下。

这六点运动与事业的关系,实可以提供给喜好运动的人、创造事业的人参考。

立足的条件

飞机在空中飞航,航线就是它的"立足点";火车在轨道上奔驰,每一停靠站,都是它的"立足点";船只在海洋里远航,罗盘指南针就是船只的"立足点"。有了立足点,就有目标,就有依靠,就会安全到达目的地。

一个人一生当中,如何安身立命,也有他立足的条件。有时候只有想到自己,不顾念别人,可能难以侧身立足在人际之间;有时候太过为别人考虑,忘记了自己的立足点,这也本末倒置,自他无法圆满。一个人立足的条件是什么?有四点看法:

第一,有自己的事业

所谓"自己的事业",倒不一定指建设工厂、开店经商,赚钱致富才叫作事业。古人有谓"立德、立功、立言"三不朽事业,你著书立说,成就一番慧解思想,这是事业;你担任义工、社工、檀讲师,致力社会教化、国家公益,对大众有所贡献,这是事业;乃至家庭主妇若能把家庭经营好,把子女教育好,这也是她成功的事业。

第二,有自己的兴趣

兴趣是一个人的精神粮食之一,如果他能培养自己正当的兴趣,在生活中就比较能获得平衡和中道。比方欢喜音乐、欢喜艺术、欢喜郊游旅行、欢喜语言会话、欢喜研究等等。正当的兴趣,可获得和谐美好的人生;反之,如果没有正当的兴趣,喝酒、赌博、吸毒、打游戏机,最后滋是生非,做出许多不当甚至令自己懊悔的事,恐怕也难有安身的立足点。

第三,有自己的工作

在佛教的"八正道"里,"正命"就是从事正当的工作,获得正当的经济来源。工作可以让人生活有寄托,工作可以让人事业有成就。工作的成果让人觉得生命有意义,工作的过程让人获得进步成长。有的人游手好闲,空费大好时光;有的人不务正业,徒使生命虚度,这都是很可惜的事。

第四,有自己的道德

道德能维系国家纲纪不乱,有保护社会人民生活安全的功用。世间的公共道德有所谓"四维八德""三纲五常"。不过一个人有自己的密行,自己的守则,那也是自己遵循的道德。例如我以"惜福"为道德,我以"结缘"为道德,我以"慈悲"为道德,我以"服务"为道德,举凡出于利众的悲心,不违背世间礼法和饶益有情的大乘精神,这些都是医治我们贪嗔大病的良药,可以让我们身心清净,使我们的道德臻于圆满。

有人"立足泰山之巅而小天下",有人"立足脚下,胸怀世界";有人"贫无立锥之地",但只要努力,也可以拥有财富。诚如孔子说:"不患无位,患所以立。"人生不怕没有安身的位置,而应担心什么才是自己可以依靠的立足点。

开发潜能

每一个人都有无限的潜能,如同深山里埋藏许多的金、银、铜、铁、锡等矿产。有时候人因为惰性,或者不认识自己的内在宝藏,没有把潜能开发出来,实在很可惜。对于我们身体里的无限潜能,就看自己如何开发它。所以,关于"开发潜能",有四点说明:

第一,身体上的潜能,可以磨炼担当

一个人可以担当多少,是可以磨练的。例如挑担,有的人一开始只能挑30斤、50斤,但是经过慢慢磨炼,可能就可以挑100斤、150斤、200斤,这就是发挥潜能。潜能开发以后,身体就能担当。再如游泳、跑步的速度,甚至登山、攀岩的体能,都是可以慢慢培养、训练的。所以身体上的潜能,可以磨炼担当。

第二,思维上的潜能,可以判断抉择

有的人思想很敏锐,有的人反应比较迟钝。思想上的潜能也是可以开发的,例如经常自问"为什么",然后自己思索答案。经常自问自答,当有一天智慧开启以后,思想、理路一通,就能把思维上的潜能发挥,就可以判断是非、抉择对错。所以思维上的潜能,可以判断抉择。

第三,感性上的潜能,可以体贴牺牲

同样是人,但是有的人比较感性,有的人比较理性。理性的人讲理,感性的人重情。一个人最好理性之余,也能兼具一点感性。感性的人,容易感动,对于别人的痛苦,容易感同身受;感性的人,重情义,凡事懂得贴近人性,从人性出发,所以容易获得别人的认同、亲近。每个人都有感性的潜能,诸如慈悲、忍耐、牺牲、奉献、服务、助人,这些感性的潜能发掘出来以后,就容易心甘情愿地对别人体贴、牺牲、奉献。所以感性上的潜能,可以体贴牺牲。

第四,心意上的潜能,可以觉悟生命

真正的宝藏在哪里?在我们的心里。我们的心中有无限的宝藏,有无限的潜能,那就是每个人的佛性。如果我们能把内心的潜能发挥出来,就可以觉悟生命,就可以远离烦恼,就可以不生不死,就可以证得永恒的生命。所以,心意上的潜能,可以觉悟生命。

人都有无限的潜能,像现在世界上有许多长跑名将,有许多善泳人士,有许多登山高手,甚至有许多人具有特异的功能,他们都是因为把自己的潜能发挥得淋漓尽致,所以异于常人。因此,每个人只要懂得开发自己的潜能,就是能人。

知识论

"日"有所"知"为"智"。智能是人生的导航,汲取知识是智能的开始,所以做人要求知识。世间的知识很多,有的人喜欢科学,有的人喜欢医学,有的人喜欢艺术,有的人喜欢文学。各种领域、各个科别,都有各种的学问、各种的知识。知识的积累,不仅是靠年龄的增长,同时也包括阅读与思想的开阔。"知识论"有四点说明:

第一,学问是理论的知识

平常所谓做学问,大都是从书本上去研究各种学科的各种理论,例如爱因斯坦的相对论、达尔文的进化论,就是一种理论上的知识。甚至平时我们读四书、五经,乃至读佛经、《圣经》,以及世间上的各种百科全书,这些学问也都是讲道理,讲理论,这是理论上的知识。

第二,思考是实用的知识

儒家说:"学而不思则罔",书本上的知识有时还要加以思考,经过思维以后才知道如何运用。所以在佛教里讲到知识、智能的来源,有所谓"以闻思修而入三摩地"。也就是说,智慧有来自听闻,叫作"闻所成慧";有来自思想,叫作"思所成慧";有来自修持实践,叫作"修所成慧"。通过思想酝酿,可以消化知识,融会成为实用的智慧。就如同唱歌,曲哼千遍,无腔自转,你唱呀唱,酝酿久了,自然就会唱了。

第三,判断是鉴别的知识

世间上的是非、好坏、善恶、对错,我们要懂得分辨、判断,要知道权衡轻重,知所缓急,不能似是而非,一天到晚什么都是差不多,这是不行的。虽然佛教讲万法平等,那是从理上而言,诸法的本性是空,所以他超越了有相的对待;然而在世间法来讲,世间万象还是千差万别的,一就是一,二就是二,山就是山,水就是水,不能混淆不清。

第四,智能是觉悟的知识

世间的知识学问再多,如果没有经过心领神会,则永远只是白纸黑字,顶多只是一种学识。因此无论求知识,听人讲话,有时候说"我懂了"!你真的懂了吗?叫你复述一次,你说我不会,可见懂是没有用的,要会。佛教讲"会道",就是我能体会得道,道印在我的心上。因为会道,所以我能了然会意,成为智慧,这就是觉悟的知识。

知识是一种世智辩聪,是向外求得的;般若智慧是向内发掘,是人人本具的佛性。在为学处事上,知识学问并不能解决问题,惟有心量开阔才能开发般若智慧,才能判断正邪、转迷为悟。

卷四 | **理想的实现**

假如我们有理想,
就会奋发向上,朝着目标前进;
这个理想就是支撑、督促我们前进的力量。

事业成功的条件

每一个人都希望自己能建功立业,但是建功立业要看因缘。你的所学有基础吗?你的能力有条件吗?你的精神有动力吗?你的外缘有具备吗?事业成功的条件有五点:

第一,诚信是事业的基础

诚信是做人的基本道德,也是有心经营事业者应有的坚持。投机取巧,非事业永续发展之道,一旦恶行遭人识破,小则诉诸法律,大则名誉扫地,实在因小失大;脚踏实地,反而能创造口碑,事业获得助缘,所以诚信是事业成功的基础。

第二,决心是事业的条件

决心是面对事业发展的积极态度。孟子说:"志,气之帅也。"有了决心,就会专心一意地朝目标迈进;有了决心,就有力争上游的魄力;有了决心,不管遇到什么困难挫折,都会想尽办法解决。有决心,才有动力;有动力,则距成功不远。所以"决心"是事业的条件。

第三,勤奋是事业的动力

世界上任何事情都要经过付出,才能有获得。时间,是非常公平的,每一个人每天都是 24 小时,可是一天的时间给勤勉的人带来智慧与力量,却给懒散的人留下一片悔恨。所以,天下没有白吃的午餐,也没有白流的汗水,肯吃苦、不怕难,奋发向上,就是事业的动力。

第四,时间是事业的要素

一件事情的完成,"循序渐进"是行事者必须具备的态度,凡事不能操之过急而敷衍了事,"揠苗助长",欲速则不达;世间上没有不费时间、不耗力气就能拥有的东西,实力也要在时间的积累之下,福德资粮具足才能增长,所以,争取时间是事业的要素。

第五,健康是事业的资本

为了因应社会的快速发展,各行各业竞争力相对提高,倘若身心不能作适度调节,健康将会遭受危害。一个人失去健康,即使雄心万丈,亦难有成。语云:"留得青山在,不怕没柴烧。"因此,健康是事业成功的资本,有健康的身体,才有机会创造成功的事业。

每一个人都想建功立业,但是并非人人都能做到,成功要有因缘来成就,事业成功的条件有以上五点。

失败的原因

在社会上,我们看到好多人因为功成名就,生命充满了光彩;但也看到不少人因为失败,生活一蹶不振。其实,成功有成功背后的条件,失败也有失败的原因,综观失败的原因有很多,略举四点说明:

第一,道德不修

中国人向来讲究道德,学校注重道德教育,人际相处重视仁义道德。有语云:"芝兰生于幽谷,不以无人而不芳;君子修道立德,不为穷困而改节。"

一个人要建立道德观念,才能树立为人处世的君子风范;如果一个人没有品德,不懂得修德,就不能赢得人家的欣赏和信任;失去人缘道德,则做人就要失败了。

第二,所学不用

我们学得很多道理,也能了解个中的含义,但最重要的是要付诸实践。比方要你学忍耐,你却不能忍耐;告诉你要明理,你却不明理;教你要勤劳,你却不肯勤劳;甚至这些道理你都能认同,只说自己做不到、没有力量,那当然就会失败。学习的目的就是要能运用,所以,"学以致用"才能"知行合一",学而不用,实力无法发挥,更遑论想要成就任何事情了。

第三,仁义不从

不管是古代的侠义之士,或是任何一个重仁义的人,因为他能履仁蹈义,为人正派,深受大众尊崇。孔子云:"德之不修,学之不讲,闻义不能从,不善不能改,是吾忧也。"一个人如果闻义气而不能服从,好事不肯做,好话不肯听,遇到仁义之事不愿随喜,逢到正义言词不肯接受,奉行本位主义,结果不但失去别人的信任,做人做事也将受到阻挠,那怎么会成功呢?

第四,恶性不改

明代文学家聂大年曾说:"短不可护,护短终短;长不可矜,矜则不长。"人总难免会犯错,但是绝不护短,错误不肯改,则永远只能原地踏步。一件商品之所以能够享誉国际,背后有生产者锲而不舍、勇于创新的努力,从各种尝试、多少失误中,不断提升品质。同样的,人也要有从错误中改过,才能提升自己各方面的能力。

一个人想要成功,必须注重成功的条件;即使失败,也要检讨失败的原因,观念厘清、付诸行动,才能东山再起。

开源与节流

《荀子·富国》有云:"故明主必谨养其和,节其流,开其源,而时斟酌焉。"不仅是一个国家,甚至一个家庭,乃至一个人,"开源节流"是理财不可或缺的观念和秘诀。如何"开源节流"呢?提供四点意见:

第一,生产好似摇钱树

记得早期有一句口号"生产报国",你要报效国家吗?就要从事生产。农民耕作,要研究农业怎样才能增加生产;工厂要研究质量怎样改良,怎样增加生产;知识分子,要研究什么才是对社会大众有益的思想、做法;作家创作文章,要研究什么才是对读者有启发、有益处的作品。各界人士都要生产,生产就像摇钱树,能够不断地激发出新的点子,激发你的动力,开创更多的产品、作品。

第二,节俭犹如聚宝盆

养成节俭的美德,就能致富。韩非子便强调,勤奋节俭是致富必要的秘方,而提出"力而俭者富"的理念;墨子也主张"节俭则昌";唐朝的陆贽则认为"取之有度,用之有节,则常足"。可知节俭的人,就好像家里有了一个聚宝盆,钱财、品格、生活、家运都将随之富足起来。

第三，勤劳能产万抹粮

你平常工作，哪怕是做一个清洁工，若能勤劳工作，凭着双手也能开创一片天地。所谓"天生我材必有用"，在发挥当中，在不卑不屈当中，在勤劳奋斗当中，自能集财聚富。勤劳是一种精进力，奋而不懈、精进勇猛地耕耘，将财富一点一滴累积起来，聚沙成塔，必能生产万抹粮。

第四，用心拥有全宇宙

只要肯用心，宇宙就在我们心里，世界就在我们心里。唐朝江州刺史李渤问归宗禅师："须弥容纳一粒芥子，说得过去；小小的一粒芥子如何容得下须弥山，这副对联根本不通。"禅师反问："俗语说'读书破万卷，下笔如有神'，请问你万卷书如何能藏在小小的肚子里？"心是极其微妙的，它的作用更是不可思议，只要我们肯用心，世界就为我所有，因此用心的人才真正拥有人生，享有宇宙。

致富之道在于有智与理，心中有一个分寸，有方法，知道如何运用，如何开发，如何生产，如何储蓄，让心理与生活的经济皆能不匮乏，财富源源不绝。因此，懂得"开源节流"就等于拥有了财富！

理想的实现

人不能没有理想,没有理想就没有目标和方向,生活也会没有重心,终日无所事事,就像一匹走在荒漠却没有目的地的骆驼,最终将在风沙酷日寒夜中,孤独地死去。假如我们有理想,如做一个学者、做一个慈悲的人、做一个慈善家,如此就会奋发向上,朝着目标前进;这个理想就是支撑、督促我们前进的力量。理想也可说是一种愿望:希望对国家有什么贡献、对社会有多大的付出、要成为怎样的人……可是,理想、愿望是"因",实现才是"果",理想要怎样才能实现?

第一,经验多,自信心就大

不管是日常生活,还是专业领域,都要用心去观察、思索和尝试、体验。经验体会愈多,做起事来愈能得心应手,成功的概率更大,对自己也会愈有信心,愈能自我肯定,而成为增强实力的良性循环。

第二,信心大,节制力便强

愈有自信的人,对自己的节制力量会愈强。一个人若没有节制的力量,就好像没有缰绳的野马,虽有气力,却只是狂奔无状,无法有具体的成果。我们有节制的力量,就如同为自己设立轨道,会循规蹈矩地往目标前进。

第三,节制强,能量德会足

每个人都有相当大的潜能,爱因斯坦这样伟大的科学家,也仅发挥自己十分之一的能量,一般人则连十分之一都不到。自我节制是心力的训练,心力之大,无他物能及。"虚空非大,心王为大",心的力量愈大,个人的能量、道德就会愈充足。

第四,能量足,理想事易成

所谓"心想事成",连接"心想"与"事成"之间的是"身体力行",而坚定的决心意志,可以决定一个人能否贯彻实践自己的理想。一个人的心力强大,能量充足,等于汽车加足了油,当然可以走很远的路。能量一足,就有更大的能力和智慧去达成目标,如此,从理想到实现,就不是困难的事了。

我们首先要确定理想目标,再积蓄自己的能力与智慧,以坚韧不拔的信心去实践。

潜力的发挥

每一个人都有很多潜在的力量,这种潜力就是我们外在财富和内在能量的泉源。如果不懂得开采,只能庸庸碌碌、汲汲营营地为生活而奔劳;反之,若能开采出来,就能发挥许多作用。这种潜力如何发挥,有四点意见提供:

第一,追求颠峰要有精进力

想要出人头地,就必须勇猛精进。如同爬山,要"欲穷千里目",就得勇往向前,才能"更上一层楼"。虽然天资素质不如人,但是,所谓"破铜烂铁也能成钢",只要肯力争上游,遇艰难困苦,能愈挫愈勇,有精进力,一旦因缘成熟,终有成功的一天。

第二,参加比赛要有竞争力

一个人具有竞争力,就不会被社会淘汰;一个公司具有竞争力,业绩就能蒸蒸日上;一个国家具有竞争力,就能在世界舞台上扬眉吐气。竞争力不是打倒别人、破坏别人,而是自觉、自发、自动地培养自己的实力,尤其良性的竞争,更是进步的动力。有时候我们看一场球赛,有些球队常常后继无力,就是因为坚持到最后的竞争意志力不够。所以参加比赛,不是光靠前面的匹夫之勇,还必须有耐力、竞争力,才能自始至终都将潜力发挥得淋漓尽致。

第三,面对失败要有忍辱力

人生在世间,有顺境、有逆境,有时候赢,有时候输。胜败不要紧,但最重要的是胜要能忍,败更要能忍。如东周苏秦忍受"妻不以我为夫,嫂不以我为叔,父母不以我为子"之羞辱,勤奋苦读,终于说赵成功,飞黄腾达。每个人都有失败的纪录,但对于失败要能积极面对,只要对自己有信心、有力量,就能从失败中获得成功。

第四,脱颖而出要有智慧力

每个人都希望受人瞩目,能从群众中脱颖而出。但是比别人出色,必须靠智慧力。如诸葛亮虽然起于布衣,人力、物力、地利均不及曹操、孙权,但因为他拥有智慧的策略,所以能够与强权周旋,偏安蜀中,最后终能与魏、吴鼎足而立。所以有智慧力能够引导我们人生的方向,进而提升自己、扩大自己。

在战场上,谁的战力强大,谁就能赢得胜利;在商场上,谁的资本雄厚,谁就能获得商机。生命的较量,不是看外在的条件,而是看谁开发心里的能源多,开启内在的智慧高,谁就是人生的胜利者。

财富

每一个人都需要有财富,尤其在经济重于一切的社会,如果没有金钱财富,生活将十分艰苦。而除了有形的金钱之外,如同《佛光菜根谭》说:"有钱可以买到美食,买不到食欲;有钱可以买到医药,买不到健康;有钱可以买到床铺,买不到睡眠;有钱可以买到赞誉,买不到知己。"内在的财富如道德、人格、气节等也要兼俱,才是真正富有的人生。"财富"有哪些呢?

第一,善缘的财富

广结善缘是增进财富最方便的方法。讲好话、对人微笑招呼、帮助别人解决困难,随手功德,就能与人结下好缘。一个人经常广结善缘,有一天自己需要别人帮忙的时候,许多善缘就会不请自来;反之,一个人平时不懂得结缘,却一味想要发大财、要人家对你好,俗话说:"煮熟的鸭子都会飞走。"因缘就是那么不能凑巧,使你得不到助缘。

第二,信誉的财富

有一句话说:"信誉本身就是一种巨大的财富和一种无形资产。"尤其现代社会愈来愈重视信誉,像企业注重品牌、品质保证;

西方国家从幼儿园、小学生即给予诚信教育。因此,每一个人都要树立自己的形象,以勤劳、诚恳获得信誉的财富,不仅帮助有形财富的增长,更增加内心坦荡的无形财富。

第三,健康的财富

梦窗国师说:"知足第一富,无病第一贵。"一个人虽然很有钱,但是身体不好,无福享用,财富再多也不是我们的,不但事情做不成,有时亲友还要为我们担忧。反之,虽然拥有的金钱、土地、股票不多,但是只要身体健康,凭着勤劳、努力,也能实现理想。因此,大家当要爱护身体健康,拥有健康就是拥有财富。

第四,智慧的财富

有人用劳力赚钱,有人靠技术赚钱,有的人却凭着智慧就能赚钱。好比你拥有创意,加上种种努力因缘,就可能带来一笔可观的财富。乃至你有钱可以买到无价珍宝,但不一定能买到智慧。

因为智慧会让你洞察人生,正见是非;智慧会让你明白轻重,净化烦恼。这比有形的财富重要得多了。

富有不是用存折的数字来衡量,健康、智慧、善缘、信誉才是真正的财富。佛教不但重视一时的财富,更重视永久的财富;不但重视现世的财富,更重视未来的财富。这四点财富,希望大家都能拥有。

创业之母

每个人都希望自己能创造一番事业,但是,有的人一帆风顺、平步青云,有的人经过许多努力与辛苦,却一事无成。当然,这与因缘具不具备有很大的关系。提供四点创业的条件:

第一,好奇心为注意力之母

一般人从小就有好奇心。有了好奇心、求知欲,会激发探索研究的精神。科学家、探险家,都是因为有好奇心,才会有研究与冒险的精神。如牛顿看到苹果掉下来,发现了地心引力;富兰克林放风筝,发明了避雷针;阿基米德因洗澡,发现了浮力原理。这一切,都是好奇心的成果,所以好奇心可说是注意力之母。

第二,注意力为记忆力之母

有了注意力,才能把事情记住,因此要注意聆听、用心揣摩,并思维事情的来龙去脉、前因后果,久而久之,熟练了,自然就有灵巧。倘若你不注意听,做事漫不经心,就永远学不会,所以,注意力为记忆力之母。

第三,记忆力为思考力之母

我们有了记忆之后,还要用心去思考与研究。所以在佛教里,讲到智慧的来源,有"闻所成慧""思所成慧""修所成慧"。听闻不足,必须补于思考;思考不足,必须补于实践。而思考的训练、修行的实践,都必须靠不断的记忆,永恒持续地精进不懈。

第四,思考力为事业成功之母

养成思考的习惯,可以提高事情的成功率,不致漏洞百出。如学习打球,练球时的专一思考可以帮助技巧的提升;需要改善产品,专一思考有助于开发最佳的方法;想解答困难的数学题目,专一思考能帮助突破。一个不会用心思考的人,要想有多大的成就,那是不可能的事。

"凡事预则立,不预则废",如果我们能不断地缜密思考,有了预备与认识,并持续不断地研究,要想成功立业,并非难事。

专家的条件

每一个行业都有专家,擅长写作是作家,长于音乐是音乐家,专于绘画是画家,身为专家,在技能上、人格上、性情上必须具备什么条件?"专家的条件"有四点:

第一,政治家要有广阔的胸怀

古人云:"为政之要在于得人,得人者得天下。"做一个政治家,一定要有大格局,能包容异己,容纳很多不同的意见,不能有"顺我者昌,逆我者亡"的专制思想。一个人能包容一家,就可以做家长;可以包容一村,就可以做村长;能包容一县,就可以做县长;能包容一国,才能做国家的领袖。美国作家克拉克说:"政客是为了下一次的选举,政治家却是为了下一代。"因此,在政治上要成为专家,心量要放大、眼光要放远。

第二,科学家要有新知的敏锐

科技不断进步,今天发现的一项原理,或许明天就被人推翻了。梁启超说过:"今日之我,不惜与昨日之我挑战。"因此,做一位科学家要具备求知的精神和敏锐的观察力。像牛顿发现"地心引力",在于细心观察现象的变化;达·芬奇创造新的科学研究方法,也在敏锐掌握问题。不断地在知识领域前进、更新,启发大众、利益大众,这是作为科学家,对人类最大的贡献。

第三,艺术家要有怡情的涵养

身为一个艺术家要具备怡情的涵养,怡情适性可以养和,内心和谐、宁静则有助于思考力、提升创作力。其实,每一个人也都是自我生命的艺术家,可以彩绘自己的人生世界。凡事能以欣赏的眼光来观看,便能看出生命另一番境界。

第四,宗教家要有坚贞的信仰

无论是神父、牧师或是法师,也不管信仰哪一个宗教,要成为一位宗教家,对于自己皈依的宗教,必须要有坚贞的信仰。如果信仰只是站在利益的考虑,对你有利益就信,没有利益就弃之而去,便是一种利用宗教的行为。宗教讲究的是牺牲小我、服务奉献,因此,从事宗教教化工作,必须具有忠贞的情操,也因此,要成为佛教的法师,经过佛学院的教育,成为基督教的神父,经过神学院的培养;成为道教的道士,经过道学院的训练,这才能拥有宗教家所应具备的条件。

所谓"专家",即是学有专精的人,要能成为专家,就应该努力充实成为专家的条件。

成就大器

每个人都希望自己能成功,学业、事业、养儿育女皆能有成。但是,所谓"大器晚成",成功并不是一蹴而就的,就是一棵大树,也得经过几十年的风吹雨打,方能成为大树。所谓"十年树木,百年树人",人经不起时间的磨炼,经不起一点挫折,要有所成就也是很难。所以,"成就大器"有四个条件:

第一,要经得起烦嚣

人要经得起各种烦恼、嚣攘,才能有成就。好比作为一个学生,光是考试就烦不胜烦,你必须接受事实,才会努力不懈;身为老师,一再重复指导学生相同的问题,必须要能耐得住性子,才能成就学生的学业;商人做生意失败了,得卷土重来;艺术家作品做坏了,也得再来一次。因此,人世间,所谓"人多事多",经不起别人的吵闹,经不起外境的干扰,经不起各种烦琐,深陷在烦恼里,则无法跳脱困境。

第二,要受得了气愤

世界上没有处处得意、天天欢喜的事情,有时不如意的事情更是接踵而来,总觉得自己受尽了委屈。但是,生气能解决问题吗?

生气不但不能成就好事,还会坏事。所以,生气的时候,要先忍之于口,不要轻易骂人;再忍之于面,不要展现愤怒的样子;再忍之于心,心不气了,最后就没有事了。

第三,要忍得下挫折

遭受打击、批评、陷害时,该怎么办?跟人家打架、和人家起口角吗?这都不是究竟的方法。《景行录》里说道:"片刻不能忍,烦恼日月增。"能忍得下挫折,表示你有力量,你能担当,不能忍讥耐谤,烦恼不断,则难成就大器。

第四,要耐得住时间

有些时候,人的忍耐是有限度的,可以忍耐一年,两年就不能了;可以忍耐两年,三年就不行了,因此,这样的忍耐功夫还是不够深厚;有的事情,往往是要忍一年、两年、十年,甚至是一忍再忍的。你能耐得住时间,物换星移,人就成长了,如同见到花开,也就是离果子成熟的时间不远了。

做人处事,一切都要能承受得起,心胸豁达开朗的人,凡事看得高远,不会被眼前的利益所蒙蔽;心中狭隘的人,处处与人比较、计较,徒增烦恼,所以往往不能成事,成不了大器。

团队之要

古人云:"人心齐,泰山移。"一个团队要发展,必须凝聚心念,建立共识。看法、想法、语言行为有了共识,就会有力量。"团队之要"有以下四点:

第一,你我要同舟共济

身体的各个器官,各有功能,又彼此关联。好比一根手指头没有力气,五根手指合作,就能发挥握、提、推、拿等种种作用。团队也像人的器官一样,彼此一体,不管是干部、主管,还是部下、会员,看起来各司其职,实际上互补互助,同舟共济、同体共生,这个团队才会有力量。

第二,彼此要荣辱与共

所谓"有福同享,有难同当",团队中有一人获奖,大家都会感到与有荣焉,但只要有一人表现不佳,彼此也会受到牵连。团队就像大家庭,相依相伴,有荣耀,共同沾光;有问题,共同探讨;有困难,一起承担;休戚相关,荣辱与共,因此更要惺惺相惜。

第三,忧患要急流勇退

孟子说:"生于忧患,死于安乐。"团队在辉煌的时候,领导者不能贪享成功安乐，而要有忧患意识，防患未然。要能思及未来，为团队的长久之计策划打算，乃至急流勇退，退居幕后，将经验传承，培养接班人，让后面接棒的人有所发挥，继续往前迈进。

第四，团结要共同交心

《论语·季氏》说："吾恐季孙之忧，不在颛臾，而在萧墙之内也。"团队中最大的问题，是内部不团结，尤其人多势众，最重要的是大家要一条心，相互信任，相互敬重。好比一支球队，大家共同携手，共谋交心，纵然面对强劲的对手，也会戮力同心，朝向目标前进，才有胜利的希望。

优秀的团队，会有良好的纪律，培养杰出的人才，集合众人之力，成为惊人的力量。东晋谢安淝水之战，仅以八千精兵，击溃苻坚几十万大军，这就是一个很好的例子。

正面思考

"正面思考"是一种观念的环保,也是一种良好的习惯。一个懂得正面思考的人,不管遭遇到任何困难,总能保持愉悦的心情,甚至化险为夷,为自己带来好运气。"正面思考"有四点:

第一,在委屈中学习经验

一个人能承担多少的委屈,日后的成就就有多大。英国小说家毛姆说:"一经打击就灰心泄气的人,永远是个失败者。"因此,在学习的过程中,要能忍耐、堪受委屈,内心才会生出力量;对于种种委屈若能视之如肥料,凡事朝积极面想,必能帮助人生的成长。

第二,在困难中接受挑战

困难不足以畏惧,重要的是能正视困难,进而化解困难。丘吉尔说:"能克服困难的人,可使困难化为良机。"因此,困难是人生进步的踏脚石,是内在信心、志节的试金石。有办法的人,凡事都会想办法解决;向困难挑战也就是向自己挑战,一旦通过考验,人生就能获得无限的意义和价值。

第三,在失败中积累智慧

拿破仑说:"人生的光荣,不在永不失败,而在于能够屡仆屡起。"凡是人,不免会遇到失败的时候,重要的是能在失败中记取教训,学习处事的智能。千万别因为失败,而成了行动的枷锁;失败没有关系,只要能将它化作养分,失败的经验也能为你带来下一次的成功。

第四,在挫折中锻炼意志

一个无时无刻都活在关爱中的小孩,未来不一定最好,反倒是偶尔遇上挫折,经历过磨练的人,他的生命价值会更加提升。有的人视逆境为仇敌,其实不然,逆境能锻炼我们克服困难的意志力。所以,遇到问题不要退缩,勇敢面对才能激发出人人本具的潜能,甚至减少未来再次跌倒的可能。

佛教《华严经·净行品》要人时时提起正念,尽管是刷牙、洗脸等日常琐碎的事情,也当提醒自己关怀别人。所以,时时保持乐观的态度,永远做正面的思考,将为自己缔造多姿多彩的人生。

何谓困难

人生每个阶段，都会遇上困难和挫折，学生会有课业不佳的困难；成年人会有事业、家庭的困难；老年人会有健康上的困难。除了人生各阶段遇到的，还有什么困难呢？以下四点意见：

第一，读书容易明理难

自古以来，人类读书是为了要明理，明白做人处世的道理。但是现代许多人读书，只求知识的获取，很少想到如何增长自己、利益他人。甚至有的人死读书，只知其然，不知其所以然。清朝文人郑板桥曾写信给二弟，请他代为教育小孩，信的最后说："夫读书中举中进士做官，此是小事，第一要明理做个好人。"如果人人都能做个明理人，大家互相尊重，社会就能一片和谐。

第二，做事容易做人难

常听人家感叹地说："做事容易，做人难啊！"因为事情可以由人来分配、计划、控制，但是要跟不同性格、不同想法的人取得共识，却不容易。尤其在职场上，不只重视做事，更重视做人，否则一旦双方冲突，就很难乐在工作之中。有句话说："世事练达皆学问，人情世故亦文章。"因此，学会做事之外，更要学会做人；懂得缩小自己，体谅别人。

第三，对外容易对内难

有的人，在外工作活像一条龙，对于属下，再多的命令、指示，总是毫无畏惧，但是回到家里，对于家人的要求，往往不敢推辞。或是为了工作、维护人际关系，对外人、主管、同事总是百般依顺，对于自己的家人，却直来直往、不假颜色，使得家庭气氛凝重，彼此互动多了火药味。这都是对外容易对内难。

第四，修身容易行道难

有的人话很多，做得少；有的人懂很多，却不去做。一个人要做好事并不困难，但是要持续地做，不能因为遇上困难而懈怠，或者干脆放弃。英国剧作家萧伯纳说："行动是通往知识的唯一道路。"所以，唯有付出行动去做，才能印证你说的话好、你讲的道理可贵。

事情复杂或阻碍多时，就会感受到困难重重，应当积极想办法解决，一旦克服困难，人生在这个关卡上就超越了。

如何散发魅力

魅力,是一种令人着迷的气质。每一个人都想具有魅力,有魅力,就能让人看重、给人信服、受人欢迎。像许多电影、电视明星,无论走到哪里,就有很多人追随他,为什么?他有魅力。其实,也不一定明星才有魅力,甚至不一定以外表来展现魅力,每一个人都有他的独特风格,你也可以散发你自己的魅力。如何散发魅力呢?以下几点:

第一,精神焕发

精神焕发,是一种发心,是一种发自内心的力量。老师教学精神焕发,给学生信心;医护人员精神焕发,给病人鼓励;宗教师、神职人员精神焕发,给众生希望、安慰。一个人只要拥有乐观、进取,表现旺盛的精神力量,它就会影响别人,人见人爱,散发无穷的力量。

第二,谈吐幽默

有的人谈吐太过呆板、直接,所以讲话引不起别人的重视、注意。与人往来,谈吐之间要有一点幽默、风趣,具有智慧、表现机智,像幽默大师林语堂、卓别林,他们谐而不谑,风趣洒脱,一句话、一个动作,都能感染别人,给人欢喜,让人哈哈一笑,这就是散发魅力。

第三,博学多闻

要想自己散发魅力,就要在学问上多加充实,才能广博多闻,知识丰富。说出来的话,有根有据,说出来的话,都有含义,说出来的话,让人深刻回味,展现聪明睿智,引人入胜,那也是一种吸引人的魅力。

第四,善解人意

魅力不是表现你自己个人而已,而是也要知道别人需要什么、懂得应该给别人什么。如果你都只是"你是你""我是我",不了解别人、不重视别人的需求,你就没有魅力了。像释迦牟尼佛就是观机逗教,随缘说法,给予慈悲,所以众生需要他。像阿难尊者善解人意,为人解决困难,一举一动表现风雅威仪,所以讨人欢喜,这也都是一种魅力的表现。

如何走出阴影

近年来国际间频传战争、风灾、水灾、地震等各种天灾人祸,造成房屋倒塌、生活困顿、家人亲友顷刻之间天人永隔的种种悲痛。这些悲苦的阴影,实在令人难以从心灵中抹去。要走出阴影,就必须要有光明,好比走夜路的人,得到一盏明灯的指引,有了灯光,就能走出暗路。如何走出人生的阴影?以下四点意见提供:

第一,要将信仰化为力量

人生在世,有时候会感到世路茫茫,不知安住何处,甚至遭逢逆境绝路,没有助缘帮忙,此时就需要靠信仰的明灯来指引。若能以佛法指引,明白因缘果报的真理,了解前因后果的真相,会使我们懂得改善逆缘、培植好缘、广结善缘、随顺因缘,知道人生祸福、好坏,皆是自己所造,非有他力可以主宰,唯有自己才是自己的主人。

第二,要将智慧发出光明

智慧是人生的导航,有智慧的人,懂得寻找生命的源头,凡事往大处着眼,能明理识大体。遇到逆境时,能镇静沉着,运用智慧来转境,应付事变。甚至对待生命中的无常,也能以智慧观照、放下，正见到世间苦空无常的现象，究明事理，从烦恼愚痴的人生中解脱。

第三，要将观念重新整理

佛经云："觉悟世间无常，国土危脆；四大苦空，五阴无我；生灭变异，虚伪无主。"每次的天灾人祸，造成家园倾倒、社会财物受损、失去生命，造成心灵创伤。这时必须要靠自己鼓起勇气，面对突来的遭遇，了解世间变易难久，建立正确认识，才不会在不可逆转的变化面前仓皇失措。建立正确观念，就能再次展现崭新的生命。

第四，要将精神给予武装

要走出阴影，就要做好良好的心理建设，厚植自我的力量、开发潜能、建立信心、更新观念、开启智慧，慈悲、惭愧、精进、忍耐……这些都是自己的精神武装。武装精良，何愁不能走出阴影，何愁不能建设新的人生呢？

事相上的阴影容易拂拭，而心中的阴影要靠自己去除。所谓"千年暗室，一灯即明"，阴影犹如暗室，得灯而亮，不仅点亮自己的心灯，也可以照亮别人。

如何突破困境

所谓"人无千日好,花无百日红",我们一个人的前途,如同海上的浪潮,起起落落,时有低潮,时有高潮。遇到困境,很多人不是算命卜卦,求命改运,就是向土地公、妈祖婆、太子爷祈求化解,希望前途发达顺遂,却往往慌乱无功。遇到困境时,到底要如何突破?有六点:

第一,闭紧嘴巴,少说多做

有时候遇到困难,多说无益。因为不是所有人都了解情况,也不是所有是非都能说明清楚。这个时候,只有闭紧嘴巴,多做事,少说话,只要有精神、有力量,是对的,就一直做下去,必定会有转机。

第二,咬紧牙根,奋斗向前

人生不如意事十之八九,面对困境,别人能给予的帮忙有限,主要的还是靠自己。汉朝司马迁受"腐刑"之辱,却咬紧牙根,完成《史记》;隋朝静琬大师,为保存法宝,咬紧牙根镌刻"房山石经",留下了世界上最大一部石书。古来大德圣贤,成就的背后,无不来自一股对理想的坚持。咬紧牙关,就能激发潜能,增加力量,勇往向前。

第三,把紧心关,不失正念

随着物质的进步丰富,人类面临人性挑战。有些人遇到困境,就出卖人格、出卖理想;也有些人,积欠巨债,自杀了事,大好青春毁于一旦。其实一个人贫穷不怕,即使事业失败,只要把紧心关,如禅门所云:"提起正念,照顾所缘",不失去立场正念、人格道德,必定有拨云见日的时候。

第四,踏紧泥土,免堕虚无

佛教有"空中楼阁"的譬喻,意指好高骛远,不从基础力行,是无法成就的。也有一些人,不重视当下勤修福慧资粮、广结善缘,却冀望遥不可及的净土。踩在虚无缥缈间,这是很不实在的。唯有脚踏实地,把握当下,才能避免空谈。

第五,握紧拳头,战胜横逆

人遭逢挫折、失意、困厄时,内心容易茫然无助,失去自信,而退缩在自我的世界里。逆境、不顺,是一时的,靠自己的力量,相信自己我能,就能自我健全、充实自己,战胜自己的命运。

第六,盯紧目标,圆满完成

目标就是方向、方针。国家要有施政方针,企业要有业绩目标,就是菩萨修行,也有 52 个阶位,作为他修道的目标。没有目标,容易迷失方向,因此即使身处困境,还是要有计划,朝着目标前进不懈,必定有完成的时候。

困境不是绝境,面对不一定难受,逃避也躲不过。你看,石岩里的小花,突破困境,所以摇曳丰姿;湍流中的小鱼,逆流而上,展现活泼生机。我们应扩大心胸,突破自己,不被困境的框架束缚,才会健全茁壮。

"老二"哲学

人都喜欢做老大,不喜欢做老二,因此中国人有句俗谚"宁为鸡首,不为牛后"。其实做老二的人,好像一位副主管、一座桥、一瓶润滑油,一个团体若能有这样的灵魂人物,气氛必定和谐,政令也易通达实施。做老大,要有做老大的条件,若条件不足,担子也挑不起来。但一个优秀的老二,比主管还难当,提供下列四点"老二"哲学:

第一,辅助主管领导

主管在领导上若有不圆满,或是欠缺之处,做老二的人就要辅助主管,上下协调,让团体平安。好比诸葛亮忠诚辅佐刘备、刘禅,鞠躬尽瘁,留下千古美谈。在外人看来,这样的工作好像很辛苦,但一位懂得举重若轻的"老二",懂得成功不必在我,自然心甘情愿、付出一切。

第二,帮助属下建功

做属下的人,都希望被提携,或是有磨炼表现的机会。身为副主管,与属下更亲近,自然了解如何激励手下,使他们更愿意投入工作,获得成就。"培才爱人",是为人主管者爱护属下、提拔属下、凝聚团体力量的基本胸襟。团体有了成长力,必定处处朝气蓬勃。

第三,代人承担过失

无论从事何种行业,都难免有功有过。做人要能功成不居,过失不诿。一个团体中,如果人人争功诿过,则不能和谐,无法发展。因此当属下有了过失,做人处事无法周圆时,做老二的人,要替属下多承担一点;有时,为了大局发展与未来,做老二的人,也要懂得为主管多担当一些,表示自己有力量承担。

第四,功劳与人分享

一个团体的功劳,或是好事,要能与主管或基层干部分享,因为有大众才有个人。所以有好处要不争利,有利益要不能独占,不论多少功劳,一定要有个观念:"这个功劳是大家成就的,应该给大家分享,将光荣归于大众。"一家公司、一个团体,会因有一位好的"老二"人才,而得到很大的利益。

谦冲为怀的个性、坚持远大的目标,是新一代领导者应有的风范。人的很多烦恼,都是因为不懂退做"老二",若能懂得老二哲学,自会有另一宽广的空间,这也是我们现代社会所需要的。